私はなぜイスラーム教徒になったのか

中田 考
Nakata Ko

太田出版

序文

自らの意志で
ムスリムとなる
ということ。

イスラームとはもともと「服従」を意味するアラビア語です。宗教としてのイスラームは、超越神アッラーへの絶対服従、帰依を意味しています。

しかし、現実にムスリム（イスラーム教徒）と呼ばれる人びとが、アッラーに帰依し、絶対的な服従を捧げているかというと、そんなことはありません。そのことを痛切に感じたのは、カイロ大学留学のために一九八六年から九二年までエジプトに暮らしていたときのことでした。

私は書籍を通して学んだイスラームの教えと、エジプト人ムスリムの実態のあまりの乖離《かいり》に茫然とする毎日を送っていました。エジプトには、日課となっている一日五回の礼拝もいっさいしないムスリム、頭髪をスカーフで覆わないどころかタンクトップ姿のムスリマ（女性イスラーム教徒）もたくさんいました。

エジプト人ムスリムがそうであるように、現実のムスリムの多くは親がムスリムであるがゆえに、生まれたときからムスリムであった人たちです。みずからの意志でアッラーに絶対服従を捧げようと選択してムスリムになったわけではなく、物心ついたときにはムスリムだったのです。

私にとってエジプト留学は、規範的な正しいイスラームとムスリムの現実がまったく別物であることを、疑いの余地なく確信をもって体感することができたという意味で貴重な経験でした。世の中では、真にイスラーム的な生き方をしていない自称・他称のムスリムたちがイスラームと呼んでいるものが、イスラームのイメージとして一人歩きし、それがメディアから学問の世界にまで拡散しています。そこで使われる「イスラーム世界」「イスラーム国家」「イスラーム的」といった言葉が、本当の意味で真にイスラーム的であることはめったにありません。

これはイスラームだけにいえることではありません。キリスト教や仏教のような世界宗教であれ、ヒンドゥー教や神道などの民族宗教であれ、多くの信徒が教義を理解しておらず実践もしていないことはありふれた現実です。ただし、そのこと自体が問題なのではありません。教義に無知な者であれ、放蕩な遊び人であれ、精神障碍者であれ、犯罪者であれ、伝統宗教においては、信徒であることの妨げにはならないからです。規範的なイスラーム自体が、ムスリムの親から生まれた子供が自動的にムスリムになることを認めています。

しかし、エジプト人ムスリムの中にも、ほんの一握りではありますが、アッラーへの絶対服従というイスラームの意味を真摯に受け止め、実践に努めている人たちもいました。ところが、彼らの中には現実のムスリム諸国の政府から迫害を受けている者も少なくありませんでした。まじめに礼拝をしたり、イスラームの義務を果したりしているだけで「過激派」呼ばわりされて、弾圧を受けたり、拘引されたりするという現実を、私はエジプト留学時代にたびたび目にしてきました。

このような経験を経て、私の中にはイスラーム世界と日本人に向けて、二つの異なった目標が生まれました。イスラーム世界に対しては、アッラーへの絶対服従を目指して精進する求道者たちとともに、イスラームの理想を裏切る現状を改革する道を学問的に明らかにする。日本人に向けては、ムスリム世界では善人も悪人も賢者も愚者もだれもがムスリムであること、つまりムスリムであることは限りなくやさしい、ということを伝える。この二つが、ムスリムの親を持たず、みずからの意志でムスリムとなり、イスラームについて学んできた私の役割だと思っています。

日本では毎年三万もの人びとが自殺に追い込まれています。その背景には、周囲とちがうことを許さない同調圧力の異常な強さや、集団的な束縛の厳しさがあります。私自身もイスラームに出会うまで日本社会の同調圧力や束縛に苦しめられてきました。じつのところ、イスラームとは、そのような人間社会に蔓延するあらゆる束縛からの解放です。イスラームの教えの根本は、アッラー以外に服従すべきものはなにもない、ということです。教師も親も上司も、同僚も友だちも、常識も世間も空気も、すべて不当に服従を迫る偽りの神々にすぎません。イスラームとはまず、人間を束縛する偽りの神々からの解放の教えなのです。

ところが、日本人の間には、ムスリムになると、さらに多くの束縛を背負い込むことになるのではないかという誤解があります。しかし、イスラームの教義を知ったり、戒律を守ったりすることは、ムスリムになってから考えればいいことであって、ムスリムになるのをためらわせる障壁であってはならないと私は思います。

残念なことに、日本人に伝えられているイスラームは、解放の教えとしての真のイスラームではなく、イスラームを覆い隠すノイズにすぎない堕落したムスリム社会の因習、スキャンダルばかりです。そこでは本来イスラームでないものがイスラームとされ、イスラームが人間をさらに束縛するというイメージが再生産されつづけています。そのような根本的誤解を解くことこそ、私がこの本を書いた理由です。

なぜ私はイスラーム教徒になったのか。この本の中で、私は自らの人生を振り返りつつ、イスラームとはなんであり、ムスリムであるとはどういうことなのか、そしてイスラームを通して見た世界がどのようなものであるかを述べていきたいと思います。本書がムスリム社会の抱える問題を明らかにし、真に学ぶべきイスラームを指し示すものとなれば、望外の幸せです。

目次

第2章　イスラームとはどのような宗教か――39

第3章 余はいかにしてイスラーム教徒になったか―― 95

第4章 サラフィーとスーフィーと——133

カバー写真　野口 博
本文写真　田中真知＋中田 考
図版　ホリウチミホ
ブックデザイン　鈴木成一デザイン室

私はなぜイスラーム教徒になったのか

第1章

イスラーム教徒はどこにいるか

現在、世界のイスラーム教徒の人口はおよそ十六億人といわれています。二〇三〇年にはそれが二十二億人になり、世界の四人に一人がムスリム（イスラーム教徒）になると予測されています。

今後、人口が減少傾向にある欧米ではキリスト教徒の数は減っていくでしょうが、ムスリムの国はたいてい子沢山です。また、親がムスリムならば、子供も自動的にムスリムになります。人口の上では、これからもムスリムはますます増え続けていくでしょう。

国別に見ると信者数がもっとも多いのはインドネシア、次がパキスタン、インド、バングラデシュ、ナイジェリアとつづき、六番目にやっとアラブ世界の国であるエジプトが出てきます。イスラームというと、どうしてもアラブや中東のイメージがありますが、実際にはアジアやアフリカのほうが人口が多いのです。

しかし、そのアジアの一員である日本で、イスラームをめぐる理解が深まっているようには、あまり感じられません。日本人ムスリムは五千人から一万人といわれ、在日外国人ムスリムも約十万人ほどです。ほかのアジア諸国に比べると、直接イスラームにふれる機会もあまりありません。

日本でイスラームがなかなか理解されにくい根本的な原因は、日本で目にするイスラームについての報道や情報の多くが、西洋の価値観によって歪められていることにあります。日本人も、欧米的な価値観やライフスタイルを抵抗なく受け入れてきたため、欧米の視点からしかイスラームを見られない。さらに、現代のムスリム自身もまた西洋の植民地支配を被った欧米の価値観を通してイスラームを見ているという状況が、イスラームの正しい理解をいっそう困難にしています。

イスラームには固有の価値観があり、イスラーム的な視点から見ると世界はまったくちがって見えてきます。でも、その「イスラーム的」ということを日本人も、ムスリム自身も見失っているのが現代という時代です。

イスラーム国家なんてない

二〇一〇年から一一年にかけてチュニジア、エジプトなどで「アラブの春」が起きました。その影響でシリアで紛争が起こり、翌年にはエジプトのクーデターが起こり、リビアのカザフィ政権も崩壊し、イスラーム国（便宜上、本書では「イスラーム国」と表記）が台頭し、というふうに、イスラーム世界をめぐる激変はいまこの瞬間もつづいています。

こういう状況になると、きまってわれわれの中からは「イスラームはわからない」「イスラームは暴力的だ」「宗教なのになぜ戦争をするのか」などの意見が出ます。少しイスラームを知っている人や、ムスリムの中には、自爆攻撃をくり返す過激派を「あんなのはムスリムではない」といって批判します。

このような疑問を抱く気持ちはわからなくもありません。しかし、肝心なことは、「過激派」と呼ばれる人たちの振る舞いも含めて、いまイスラーム世界で起きていることのほとんどは、じつはイスラームではないということです。いまこの地上にイスラームが実現されている国は一つもありません。私はイスラーム学を専門としており、みずからもムスリムですが、私も含めて、いまムスリムがやっていることはすべてイスラームに反しています。

どうして、そんなことがいえるのか。そのことを考えるうえで、まず心にとめていただきたいのは、イスラームそのものと、ムスリムが現実にしていることとは関係がないという点です。アラブやイスラームのことがわかりにくいのは、そこを混同していることが一番の理由ではないかと思います。

たとえば、神道や仏教を引き合いにして日本人の振る舞いを説明できるでしょうか。そうした観点から外国人が書いた日本人論もありますが、たいていは的外れです。同じように、イスラームの教義と、現実のイスラーム世界で起きていることと、現実にムスリムがしていることとは分けて考えなくてはなりません。

イスラームという言葉自体は「平和」「無事」などを意味する「s-l-m」という三語根の派生語で、「服従すること」「帰依すること」を意味します。では、なにに服従するのか。世界の創造主である唯一神アッラーです。イスラームとは、アッラーの命令に従うことです。

イスラームという宗教は、心の救いや癒しなどを目的とはしません。そうした要素が付随してくることはあるでしょうが本質的なことではない。根本的に重要なのは、生活のすべてを神に従って生きるという点にあります。つまり、イスラームとは人間の側の態度を表しています。

神に従うといっても、どうすればいいのか。神は人間の目には見えませんし、直接一人ひとりにも語りかけません。その神の意思を知るよすがとなるのが、預言者ムハンマドが天啓により授かった神の言葉である『クルアーン』（『コーラン』）と預言者その人の言行を記録した「ハディース」です。つまり『クルアーン』と「ハディース」に従った生き方が、神への服従になります。

イスラームとは衣食住から政治的なことまで、この世のすべてにわたって、『クルアーン』と「ハディース」を参照しながら生きていくことです。具体的には、そこから抽出された規範体系であるイスラーム法（＝シャーリア）に従うことになります。イスラーム法とは、一日五回の礼拝をするとか、お酒を飲まないとか、ムスリムの生活を律するさまざまな規範体系です。

アッラー以外の権威を認めない

神に従うとは、逆にいえば、アッラー以外のものに従わないということです。ムスリムになる際には、まずそのことを誓わなくてはなりません。その誓いを「信仰告白」（シャハーダ）といい、次の二つの章句からなります。

「ラーイラーハイッラッラー」（アッラーのほかに神はなし）

「ムハンマドゥンラスールッラー」（ムハンマドはアッラーの使徒である）

イスラームに入信するときには、この二つの章句をアラビア語で唱えます。第一の章句の「アッラーのほかに神はなし」とは、人間が従わなければならないのはアッラーだけであり、それ以外のものに従ってはならないということです。つまり、アッラー以外の権威をすべて否定するという意味がこめられています。

『クルアーン』には「アッラーを崇《あが》め、ターグートを拒否するようにと、我ら（アッラー）はすべての共同体に使徒を遣わした……」（第16章36節）とあります。「ターグート」とは、アッラー以外で人間を隷従させるすべてのものの名前です。

アッラー以外の権威を認めないとは、世俗の権力者、聖職者、その他、人に隷属を強いるようなあらゆる組織の権威を認めないということです。イスラームは神中心主義の宗教です。従うべきは神だけであり、いかなる人間や組織にも他者を隷属させる権利はありません。その意味でヒューマニズムという言葉はイスラーム的にはありえません。ヒューマニズムとは人間中心主義であり、そこには人間が人間を従わせるという意味が含まれます。

しかし、ある人間がほかの人間を隷属させるのは、神にみずからをなぞらえる行為であり、それだけですでに反イスラーム的なのです。同様に、他者に隷属を強いる人間に従うことも許されません。権力者や独裁者に従うとは偶像崇拝にほかなりません。

人間は唯一アッラーだけに隷属する存在であり、ほかのいかなる権威にも隷属しない。それはいいかえれば、神以外のあらゆる権威から自由であるということです。この認識を政治、法律、経済から日常生活にいたる人間の営みのすべてについて貫こうとするのがイスラームです。ですから、イスラームでは聖職者と俗人の区別もありません。聖職者とは、神と人間の間に立つ宗教的な権威です。キリスト教であれば教会という組織があって、入信にあたっては聖職者である神父や牧師が権限を持っています。彼らが認めなければ信者にもなれません。

しかし、イスラームでは入信にあたって、いっさいの権威は必要とされません。入信の儀礼も、信者を承認するための機関もない。先ほど述べた「ラーイラーハイッラッラー」（アッラーのほかに神はなし）、「ムハンマドゥンラスールッラー」（ムハンマドはアッラーの使徒である）という言葉を唱えるだけで、だれでもその瞬間からムスリムになれます。聖職者と俗人を分けて、聖職者に妻帯を認めないというように異なる法を適用することもありません。

またイスラーム法は、法人概念を認めていません。法人とは法律によって権利能力を認められた存在で学校や会社や国家なども含まれますが、イスラーム法では来世で懲罰を受けることがない法人には存在の余地がありません。つまり、イスラームは国家という概念を認めていないのです。国家という枠にも民族や出自という枠にもとらわれず国境を越えて自由に移動できる。それが本来のイスラームのあり方なのです。

身体化されてしまった国民国家システム

しかし、現実のイスラーム世界はどうでしょう。今日のイスラーム諸国は国家という枠にとらわれ、政府をはじめアッラー以外の無数の権威やイデオロギーに従属させられています。いまこの地上にイスラームが実現されている国はひとつもない、とはそういう意味です。

現在のイラクやシリア、エジプトといった国家は植民地支配から独立した国々と思われていますが、イスラーム的に見るならばそうではありません。独立によって植民地宗主国の隷属からは脱却したものの、新たに西洋に押しつけられた領域国民国家というシステムに隷属したのです。本来のイスラーム的な自立性を回復したわけではありません。

今日われわれはそういう世界を、イスラームの国々と呼んでいます。そこでは本来イスラーム的でないものがイスラームの名のもとに正当化されたまま、今日までつづいている。それがイスラームについての誤解をまねく大きな要因となっています。

領域国民国家とは「領域」と「国民」と「主権」という三つの要素から成り立つ国

家システムです。「領域」を区切る国境が存在し、そこで生まれた人が「国民」となり、その領域内に「主権」をもった統治者がいる。それが領域国民国家の三条件です。民主主義国家だろうが独裁国家だろうがこの三つはかならず共通しています。

領域国民国家の台頭はこの二、三世紀の間に起きた、歴史的には新しい現象です。しかしいまではこのシステムがすっかり肥大化して、人間の生活すべてを覆い尽くすまでになっています。そのためふだん、われわれは国家に従っているという意識さえありません。

日本もまた明治時代以来、領域国民国家として成立しています。人は生まれるとまもなく、好き嫌いにかかわらず役所で国民として登録され、一定の年齢に達すると学校で義務教育を受けさせられます。義務教育は近代国家の条件のようにいわれていますが、見方によっては、国家による拉致・監禁・洗脳ともいえます。私は学校が嫌いだったので、学校へ行かせられるのは拉致されるようなものだと感じていました。

現代社会では出生や教育だけではなく、婚姻、離婚、居住、職業、年収など生活のあらゆる細部にいたるまでもが「国家」の管理下に置かれています。そういうと「そんなことはない、民主主義国家の日本では国民みずからが政治に参加して国家を作っている」と反論される方もいるでしょう。国家に管理されているのではなく、自分たち自身が国家を作っているというふうに信じ込まされてしまっているのです。そのくらい国家というシステムは身体化され、空気のように当たり前の存在になっています。学校へ行くのも当たり前だし、結婚して子供が生まれたら役所へ届けるのも当たり前です。疑問も浮かばないし、国家に服従していることすら意識されません。そしていつのまにか国家を守ることは無条件に正しいという意識が身体の中に浸透してしまっています。

イスラームと国民国家との板挟み

領域国民国家システムは、近代以前にはイスラーム世界にはもちろん、ほかの世界にも存在していませんでした。その頃、イスラーム世界の中でももっとも広大な版図をもっていたのがオスマン帝国です。

オスマン帝国は十七世紀にその領土が最大になり、東はアゼルバイジャンから西はアルジェリア、北は東欧から南はイエメンにいたる広大な領域を治めていました。しかし、十九世紀末までは西洋的な意味での領域国民国家であったことは一度もありません。

当時のオスマン帝国では、人は自由に移動することができました。民族や文化のちがいはあるものの、現代のような国境は存在せず、広い範囲にわたって交易と学問のネットワークが展開されていました。ちがう土地に行ってもモスクがあり、そこでは人びとが同じように礼拝し、アラビア語で祈りの言葉を唱え、一つのイスラーム共同体に属していることを感じることができました。その意味でイスラームは初めからグローバル志向だったのです。

しかし、十七世紀末、神聖ローマ帝国との戦いに敗れたオスマン帝国はじわじわと領土を失っていきます。二十世紀の初めにはイスラーム世界で独立を保っているのは、弱体化して小さくなったオスマン帝国、イランのカージャール朝、アラビア半島のサウディアラビアだけになっていました。そのトルコとイランも財政が破綻して、西洋によって半植民地化されていきます。サウディアラビアも経済をイギリスに握られます。

弱体化したオスマン帝国の中から、この国をオスマントルコ国にしようという動きが出てきます。西洋の国民国家理念に影響されて、宗教による差別をなくしてすべての住民の法的平等を謳《うた》い、トルコ語を公用語化するなど、住民の「国民」化をもくろんだのです。それまでオスマン帝国には「国民」もなければ「国語」もありませんで

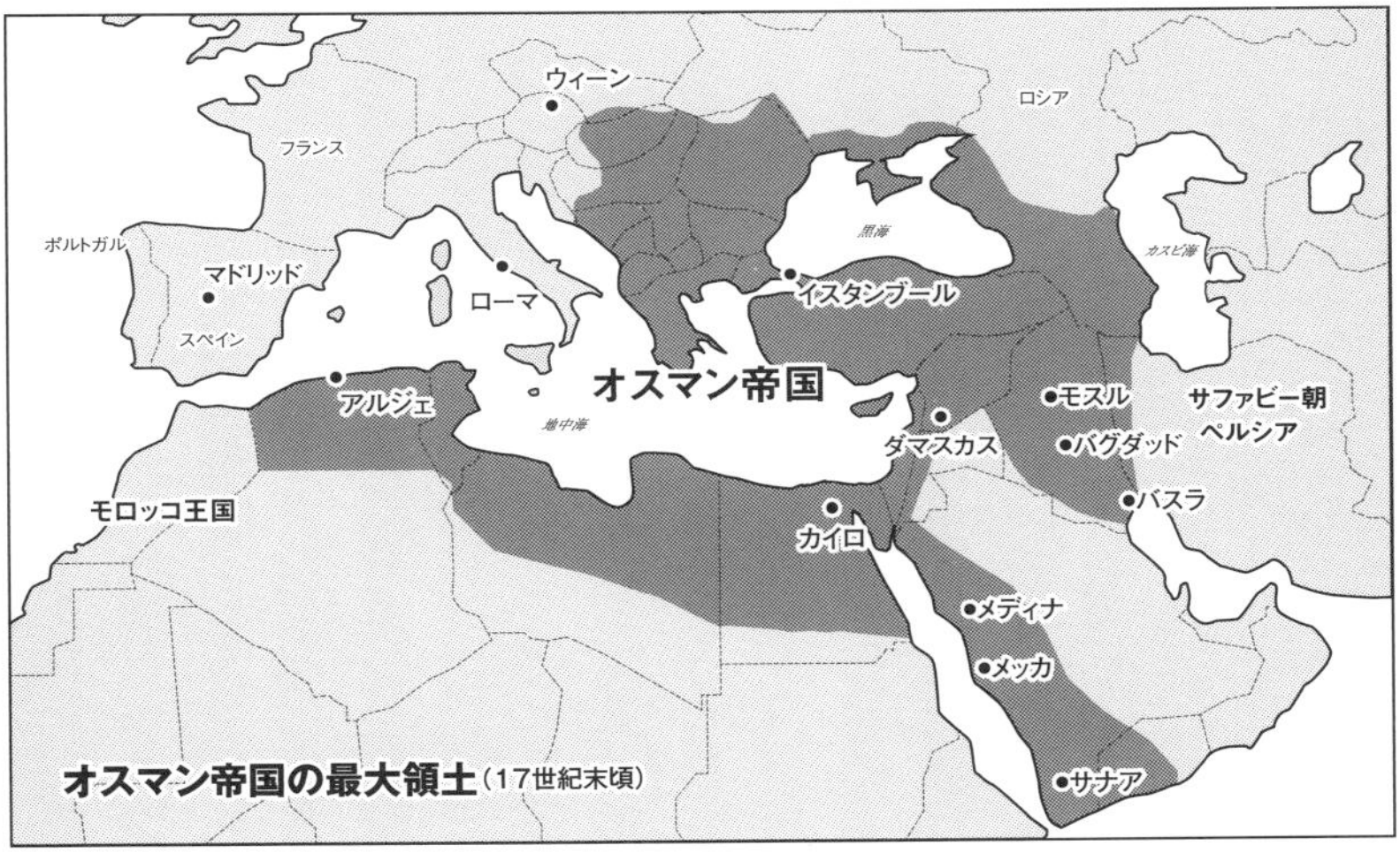

オスマン帝国の最大領土（17世紀末頃）

オスマン帝国は第10代目スルタンのスレイマン一世（在位１５２０－１５６６）の時代に最盛期を迎え、ウィーンを包囲するまでになるが、最大領土を誇った17世紀末頃から徐々に衰退し始める。

した。国としての文化の押しつけもありませんでした。それが一転して、西洋的な国民国家へと舵を切ります。これによってオスマン帝国ではトルコ民族以外の人びとの離反が始まります。ムスリムの間でもトルコ人とアラブ人の間に分断が生まれました。これがオスマン帝国解体のきっかけになります。

オスマン帝国崩壊の過程で起きた大きな悲劇の一つがアルメニア人大虐殺です。オスマン帝国にはたくさんのキリスト教徒やユダヤ系の宗教自治体がありました。アルメニア正教をよりどころにするアルメニア人コミュニティーもその一つでした。ところが、ヨーロッパからナショナリズムが入ってくることで、その宗派のコミュニティーが民族集団に変質し、ロシアの後ろ楯を得て民族としての分離独立運動を起こすようになってしまった。それがきっかけで、のちに百五十万人ともいわれるアルメニア人の虐殺が起こります。

弱体化したオスマン帝国は、第一次世界大戦に敗れて一九二二年に滅亡します。その広大な領土はイギリス、フランス、ロシアの間で分割されます。これがサイクス・ピコ協定です。

このときまでオスマン帝国は、現在のイラクにあたる地域を、モスル州、バグダッド州、バスラ州という三つの州として統治していました。北部のモスル州は現在のク

カイロの旧市街。かつて「千のミナレットをもつ街」といわれたカイロはその名のとおり、モスクからそびえ立つ無数のミナレット（塔）が街の顔である。奥のモカッタムの丘の上には19世紀に建てられたオスマン朝様式のドーム屋根を持つムハンマド・アリ・モスクが見える。

ルド人が多数を占める地域、中央部のバグダッド州はスンナ派が多数を占める地域、バスラ州はシーア派が多数を占める地域でした。オスマン帝国滅亡後、これらの別々の行政単位をまとめてイラクという国民国家が作られます。

それはオスマン帝国の一部が州を合併して、イラクという国になっただけのことだと思われるかもしれません。しかし、このことはそこに暮らす人びとに決定的な変化をもたらしました。スンナ派やシーア派やクルド人といった住民が、みな「イラク国民」になったのです。

同じムスリムとはいえ別々の文化を持ち、別々の自治を行っていたスンナ派、シーア派、クルド人が、一つの国民になれるわけがありません。でも、国民国家となったことによって、住民はいやおうなく国家への忠誠を誓わなくてはならなくなり、のちにそれがイラクという国家の為政者であるサダム・フセインへの忠誠へとすり替えられていきます。

このような状況がイスラーム世界のすべての地域で進行していきます。つまり、現在のムスリムは、本来のイスラームである神への服従と、すでに内面化されてしまっている「領域国民国家」への従属との板挟み状態にあります。現代イスラーム世界をめぐって起こっているさまざまな出来事は、そうした背景の下に見なくてはなりません。

破壊された時間

植民地化、それに伴う国民国家イデオロギーは、イスラーム的な価値や世界観を大きく破壊することになりました。破壊されたものは数多くありますが、とりわけ一般のムスリムにとって大きかったのは「時間」の破壊といえるかもしれません。

イスラームでは時間とは一日五回の礼拝によって計られるものでした。夜明け前、ほのかに東の空が明るくなってくるとき、ムスリムはそれを見て、その日の最初の礼拝を行う特別な時間であることを知ります。そして日が昇る前に起きて礼拝をして、『クルアーン』を読んだり神を念じたりし、それから朝食をとり、商売に出かけて、昼はまた礼拝する。日没のときまた礼拝し、夜は友人や家族と語らい、夜食をとり、就寝前にまた礼拝する。このように太陽のめぐりを観察し、一日五回の礼拝をすることによって、人びとはイスラームの世界観を日々再確認していたのです。

ところが、西洋による植民地化がはじまると、工場が作られ富国強兵型の近代的な労働制が敷かれたり、なんの権威もない上司や上官の命令が絶対になったり、無意味な規律や時間を守らなくてはならなくなります。礼拝によって計られていた時間は断ち切られ、始業・終業の時間に人間が縛られるようになります。敬虔なムスリムにとってこれは耐えがたい屈辱であったでしょう。アッラーの前に平等であるはずのムスリムが、異教徒の命令に従わなければならない。しかも、もっとも重要とされる礼拝の時間が危機にさらされたわけですから。

植民地からの独立後は、先ほど述べたように、国民国家システムや民族主義というものが、新たな枠組みとしてイスラーム世界に入り込みます。「自由」「平等」「人権」といった名前をまとった西洋的イデオロギーやシステムの押しつけがムスリムのアイデンティティーを揺るがしていきます。なかでも、もっとも深刻だったのが教育の荒廃です。

イスラーム世界における教育は、アッラーの諸属性、模範とすべき預言者ムハンマドの徳、霊的存在である天使の業、人類の創造の意味、イスラーム法の諸規定、人格の陶冶《とうや》の行法などを教えることが中心です。それによって人間の霊的な完成を目指すことが目的とされていました。

しかし、兵制改革や義務教育などを通じて、西洋の唯物論的世界観や物質的知識を覚えなくてはならず、その過程で、イスラームの知の習得は犠牲にされました。かつてイスラーム学者の間では『クルアーン』の暗誦は学問を始める以前にすませるのが当たり前でした。それがいまや大学のイスラーム学部の卒業試験の課題になっています。また、かつてはイスラームを学ぶ者たちは知と師を求め、西はモロッコから東はインドネシアまでを自由に往来していました。師の印可をもらうまでは年限もなければカリキュラムもない自由な学問を行っていたのです。

それがいまではトルコやアラブ世界ではイスラーム的教育は、大学のイスラーム学部として西洋的教育制度に組み込まれ、医学部・工学部・法学部・文学部などと同じく、偏差値に応じて入るかどうかを決めるという位置に成り下がっています。カリキュラムや年限もほかの学部と同じく国家によって決められ、一定の成績をあげ、試験に合格すれば卒業証書が得られます。それはほかの学部のものと同じく就職を保証し、兵役を短縮する手段でしかありません。

ただし非アラブ世界では、年限のない伝統的なイスラーム教育制度が残っているところもありました。とくに教義上、ウラマー（イスラーム学者）に信徒の宗教税を管理する権限が認められていたシーア派世界はそうです。イランの古都コムのシーア派イスラーム学院出身のホメイニ師が、イラン・イスラーム革命を指導し成功させたのは、けっして偶然ではありません。

いまなぜカリフ制なのか

このようなイスラームの知のレベルの低下によって、なにが本当にイスラーム的なのか、ムスリム自身がわからなくなっているのが、現代のイスラーム世界です。このことがイスラーム世界の現実を見誤らせている原因にもなっています。

たとえば、現在のイスラーム国の台頭にもつながる原因となった出来事に二〇〇三年のイラク戦争があります。ブッシュ政権のアメリカと、当時サダム・フセインが率いていたイラクとの戦争です。この戦争でアメリカは、イラクを大量破壊兵器を保有するテロ支援国家であると名指しして先制攻撃を行いました。

当時、この戦争を、西洋対イスラーム、あるいはキリスト教とイスラームという二つの文明の対立としてとらえる見方がありました。これは大きなまちがいです。イラクもアメリカも、どちらも国民国家という植民地支配後に西洋で適用されたシステムで動いています。西洋文明とイスラーム文明の対立ではありません。イラクは反イスラーム的な世俗主義国家であり、イラク戦争は、西洋文明内部の対立でした。

また、二〇一一年に中東で「アラブの春」が起きました。チュニジアに始まった「アラブの春」は、長期にわたる独裁政権の支配に疲れていたアラブ世界を席巻し、チュニジア、エジプト、リビア、イエメンで独裁政権が崩壊しました。

革命によってエジプトではムバラク政権が倒れたあと、ムスリム同胞団という政党が政権を取ります。ムスリム同胞団は、ふつうイスラーム主義の政党といわれています。けれども、政権についたムスリム同胞団がやったことは、偽のイスラーム的スローガンを唱え、支離滅裂な政策で混乱を招くことでしかありませんでした。結局この政権は軍部のクーデターによって、たった一年でひっくり返されてしまいます。

こうした嘆かわしい状況に対して、イスラームはどう向き合えばいいのか。

いまの西洋に経済的な競争原理で立ちむかったところでかないっこありません。現在の世界経済は、先進国の金融資本が、発展途上国の資源を収奪する外国依存型の国家を作るシステムです。このシステムが壊れないかぎり競争原理で勝つのは不可能です。戦争でやっつけるという手段もありますが、圧倒的な物量の大量破壊兵器を保有する西洋に対して勝ち目がない。

そうなると、勝つとか負けるといった競争原理を超えて、自分たちが干渉されないシステムを作るという道を考えざるをえません。経済的・軍事的には負けつづけていても、内部ではイスラーム的な倫理がしっかり守られている。そうした世界の実現のために私が提唱しつづけているのがカリフ制です。

カリフとは「代理人」あるいは「後継者」という意味のアラビア語です。六三二年、預言者ムハンマドが亡くなると、イスラーム共同体を率いてアッラーの意思を代行する存在として、みなの合意で「カリフ」が選ばれました。カリフはイスラーム世界を束ねるリーダーとして、代々受け継がれていきました。この制度は紆余曲折を経ながらオスマン帝国が解体する一九二二年までつづきます。

しかし、オスマン帝国滅亡後、現在のトルコ共和国建国の父となったムスタファ・ケマル（一八八一―一九三八）は近代化と西洋化のために、イスラームの伝統を捨ててカリフ制度を廃します。ムハンマド死後千三百年近くつづいたカリフ制は終わりを告げます。もはやカリフ制は、昔われわれが学校の授業で習ったような歴史上の一エピソードにすぎなくなってしまいました。

しかし、近年、このカリフ制を復活させようという動きがイスラーム世界の各地から出てきています。私もまた正しいカリフ制の再興にこそ、いまイスラーム世界に起こっているさまざまな問題を根本から解決する可能性があると信じています。国民国家システムによって押し付けられた国境を廃し、かつてのイスラーム世界に存在していたようなネットワークを回復し、人やお金の自由な移動が可能になるような世界。

カリフ制は、イスラームが本来持っていたグローバリゼーションの回復を目指すものです。カリフ制再興については、あとであらためてふれることにします。

第2章

イスラームとはどのような宗教か

イスラーム教徒になるには

一般的なイメージとして、イスラームはとても厳しい宗教のように思われているかもしれません。けれども、そんなことはありません。

たしかに、お酒が飲めなくなったり、豚肉が食べられなくなったりという生活上の制約はあります。しかし、それはたんに慣れの問題です。もともとイスラーム世界で、ムスリムの両親の元に生まれたボーン・ムスリムであれば、最初からお酒も飲まないし、豚肉も食べませんから、別に制約とは感じないでしょう。

制約と感じるのは、私のようにもともとムスリムではなかった人間が入信する場合ですが、それも慣れてしまえば気になりません。私は若い頃、キリスト教徒になろうかムスリムになろうか迷ったのですが、最終的にイスラームを選んだのは、もちろんその教えに惹かれたこともありますが、じつはイスラームのほうがラクに思えたからです。

なんといっても、イスラームは入信するのがかんたんです。すでに述べたように、入信にあたっては、なんの権威や組織の承認も必要としません。

「ラーイラーハイッラッラー」（アッラーのほかに神はなし）
「ムハンマドゥンラスールッラー」（ムハンマドはアッラーの使徒である）

この二つの信仰告白を唱えるだけで、民族、国籍、人種、言語を問わず、だれでもその瞬間からムスリムになることができます。一般的には入信には二人のムスリムの証人の前で信仰告白をするということになっていますが、『クルアーン』にそういう規定があるわけでもない。証人がいなくてもなれます。

また、ムスリムになるには善人だろうが悪人だろうが関係ありません。この人は悪人だからなれない、犯罪者だからなれないということもありません。善人だろうが悪人だろうが、賢者だろうが愚か者だろうが、だれでも受け入れます。日本人の中には「酒がやめられないから、好物の豚肉を食べたいから自分はムスリムになれない」という人がときどきいますが、そんなことはありません。酒を飲むムスリム、豚を食べるムスリムになるだけです。ムスリムの国に行けば、刑務所に収監されている凶悪犯でもなんの不思議もなくふつうにムスリムをやっています。これはイスラームだけでなく世界宗教はすべてそういうもので、マフィアの大親分や南米の麻薬王がキリスト教徒であるのと同じことです。

イスラームにはその人がムスリムとしてふさわしいかどうかを判断する聖職者も、

認知する機関もありません。そうした判断を下せるのは唯一アッラーだけです。

イスラームについて誤解されやすい点の一つは、イスラーム社会にもカトリック教会のような「組織」があるはずだという思い込みです。

カトリックでは信徒は教区の一つの教会に属するという形をとっています。一人ひとりの信徒をカトリック教会という中央集権的な組織の末端に位置づけることで、信徒の情報を管理するという官僚的なシステムがそこにはあります。

日本の仏教もそうです。江戸幕府は、すべての人びとをどこか一つの寺に登録させる檀家‐寺請制度を作って、本山‐末寺というヒエラルキーに組み込みました。このため過去帳を見れば、その寺に属していた信徒の情報を知ることができます。

日本でも西洋でも、こうした組織原理は普遍的なものであると考えられています。ですから、イスラーム世界にもこのような組織が存在するにちがいないと思われるかもしれません。キリスト教の教会や、仏教の寺にあたるものは、イスラームではモスクだろう。だから、モスクへ行けばそこに登録されているムスリムの名簿が手に入るのではないかと想像されるかもしれません。

でも、そんなことはありません。ムスリムになったからといって、どこかのモスクに登録されることなどありません。信徒の個人情報を管理する機関もない。あくまでも神と自分との一対一の関係です。

なってもなにも変わらない⁉

ムスリムになるのがそんなにかんたんなら、なにもわざわざならなくたっていいのではないか。興味があるのならイスラームについて勉強するだけでもいいのではないか、と思われる方もいるかもしれません。しかし、イスラームについて知ることとムスリムに「なる」こととの間には途方もないちがいがあります。

イスラームとはアッラーに服従することだといいましたが、アッラーにとってみれば、この世が存在しようがしまいが、たかが一被造物にすぎない人間がどうなろうといっこうにかまわない。にもかかわらず、こうして万物が存在しているのは、ひとえにアッラーが慈悲をかけてくれたがためである、とイスラームでは考えます。存在しているとは、それだけでアッラーに慈悲をかけられているということです。逆にいえば、存在するものは、動物にせよ、植物にせよ、存在することによってアッラーを賛美している。これがイスラームの世界観の基本です。

では、人間はどうなのか。人間もまた万物同様、アッラーの慈悲によって創られた存在です。他の存在とちがうのは、ムスリムになるか否かを自分で選択できる自由意志を与えられている点です。

ですから重要なことは、この一回かぎりの人生において、人間がみずからの意志によってムスリムに「なる」ことなんです。この点、仏教や神道とは異なります。仏教や神道では、その教えを信じることと仏教徒や神道の徒になることとはあまり関係がない。ブッダの教えが仮に真理であると思ったとしても、出家をしたり寺の檀家になるならないはそれとは直接かかわりません。

しかし、イスラームはちがいます。イスラームの教えを信じることは、ムスリムに「なる」という行為を通してしか表されません。アラビア語ではイスラームの教えを信ずることとムスリムになることはどちらもyuslimという同じ言葉です。

もちろん、それは第一段階であって、ムスリムとしての徳を高めていくためには、その先の段階があるのですが、とりあえずムスリムになった者は来世で天国へ行くことを保証されます。それがアッラーの慈悲なんです。

ただし、そうやってムスリムになったとして、はたしてなにかが変わるのかといえば、たぶんなにも変わりません。日本人は宗教に入るとなにかが変わるにちがいないというイメージを持っている人が多いんですが、そんなことはありません。キリスト

イブン・トゥールーン・モスク（カイロ、イスラーム地区）。9世紀に創建されたカイロ最古のモスク。螺旋型のミナレットが特徴的な、端正で美しいモスク。

教徒ですと、日曜日に教会に通ったり、信徒の集まりに迎えられたりというような生活の変化があるかもしれませんが、イスラームではそういうことはありません。

イスラームの義務として一日五回の礼拝が定められていますが、礼拝の祈禱句《きとうく》はすべてアラビア語です。ムスリムになったその日からアラビア語で礼拝を挙げられる新入信者はほとんどいません。だから入信したからといって、イキナリなにかが起きるわけではありません。神学的には、アッラーの慈悲で来世で天国へ入れることは保証されますが、現世ではとくになにもないし、だれかに面倒を見てもらえるわけでもありません。愚か者だろうが悪人だろうがムスリムになるのはかんたんです。けれども、愚か者がムスリムになったからといって、賢くなるわけではありません。愚かなムスリムが一人増えるだけのことです。

私としても、現世的には「なってよかった」ことはなにもありません。あったとすれば、なにもいいことがなくても平気になったということくらいでしょうか。ですから、ぜひムスリムになりましょう。ずいぶんテンションの低い宣教の仕方ですが。

『クルアーン』ではイエスは復活しない

ここでイスラームが同じく中東起源の一神教であるユダヤ教やキリスト教と、どのような関係にあるのかについてふれておきます。

この三つの宗教は、いずれも同じ神を崇拝しています。ユダヤ教では「ヤハヴェ」、キリスト教では「主」あるいは「父なる神」、イスラームでは「アッラー」と呼ばれていますが、どれも同じ一つの神です。

歴史の教科書的な見方だと、いちばん古いのがユダヤ教で、その次にキリスト教が興り、そして七世紀にイスラームが興ります。いずれも預言者の啓示によって神の言葉を人びとに伝える啓示宗教です。

ユダヤ教の啓典の『ヘブライ語聖書』は、キリスト教でも啓典と認められ、そこに登場するイザヤ、エレミヤといった預言者は、キリスト教でも預言者として認められています。『ヘブライ語聖書』は、キリスト教では神との古い契約であるという意味で『旧約聖書』と呼ばれ、イエスが神と結んだ新たな契約は『新約聖書』とされます。こうしてアダムからつらなる預言者の長い系譜の最後にムハンマドが登場します。イスラームでは、ムハンマドは最後の預言者であり、もはや新たな預言者が現れて、啓示が下されることはないとしています。

以上が一般的な見方ですが、イスラームでは、最初にユダヤ教があって、次にキリスト教が来て、最後にイスラームが登場したとは考えません。イスラームの立場からすると、アダム以来の預言者の宗教は、すべてイスラームです。イスラームはムハンマドが創立した宗教というわけではなく、地上に預言者が遣わされたときからずっと存在していたと考えます。すべての預言者の教えはイスラームです。

一説には預言者の数は十二万四千人にのぼるとされています。預言者のうち宣教を命じられた者は「使徒」と呼ばれ、その数は三百十三人。その中でももっとも卓越した者たち五人は五大使徒と呼ばれ、上位から順に、ムハンマド、イブラヒーム（アブラハム）、ムーサー（モーセ）、イーサー（イエス）、ヌーフ（ノア）です。『クルアーン』では、ムーサーの『律法』、ダーウード（ダヴィデ）の『詩編』、イーサー（イエス）の『福音書』、ムハンマドの『クルアーン』が啓典として言及されています。

『クルアーン』の中にも、禁断の木の実を食べてしまったアダムと妻の物語や、ノアの方舟の話などが出てきます。これらの話は『旧約聖書』と比較的共通する内容になっていますが、中には大きく異なるものもあります。たとえば、『クルアーン』に登場するイエスは預言者とされているし、処女マルヤム（マリア）から生まれたという点も『新約聖書』と同じです。けれども、十字架にかけられたり、復活したりということはなく、まして神の子などという書かれ方はしていません。『クルアーン』ではイエスはマリアから生まれた一人の人間であり使徒にすぎません。人間ですから、もちろん崇拝の対象にはなりません。

イスラームでは、モーセもイエスも神の預言者として認めますが、ユダヤ教やキリスト教を認めているわけではありません。ユダヤ教はモーセの律法をイスラエルの民が歪曲してしまったものをラビ（宗教指導者）たちがまとめあげたものであり、キリスト教はイエスの福音を弟子たちがまちがって解釈したものであるととらえます。

実際にイエスが生きていた頃には、モーセの時代の古いイスラエルの宗教が、ラビを中心としたラビ・ユダヤ教というものに変質しつつありました。モーセやイエスの教えはイスラームなのですが、ユダヤ教やキリスト教はそれをねじ曲げてしまったというわけです。それでも預言者の教えを記した啓典をよりどころにしていることから、ムスリムは、ユダヤ教徒やキリスト教徒を「啓典の民」と呼んでいます。

ムスリムは一日五回の礼拝のたびに『クルアーン』冒頭の開扉の章を読誦するのですが、そこには「われらを正しい道に導きたまえ。あなたが怒りをくだされた者の道ではなく、また迷い誤れる者の道ではなく」という一節があります。ここでいう「正しい道」はイスラームをさし、「怒りをくだされた者の道」はユダヤ教、「迷い誤れる者の道」はキリスト教をさすということになっています。

ムハンマドと『クルアーン』

預言者ムハンマド（五七〇頃―六三二）は、メッカの支配的部族クライシュ族の名門ハーシム家の出身でした。しかし父はムハンマドの誕生以前に亡くなり、母も六歳のときに世を去り、祖父、伯父に引き取られて育った孤児でした。十二歳のときシリアへの隊商に同行して、すぐれた商人としての才能を発揮して評判を勝ち得、その誠実な人柄から「正直者」と呼ばれるようになります。

二十五歳のときムハンマドは年上の未亡人の実業家ハディージャと結婚します。ムハンマドが生きた時代のアラビアは拝金主義がはびこり、社会秩序が崩壊に向かっていた時代でした。キリスト教やユダヤ教を奉ずる集団もありましたが、多くの人びとは多神教や偶像崇拝にうつつを抜かしていました。崇拝されていた神々の中でアッラーは主神的な位置づけにありましたが、それでも、ほかの多くの神々の中の一神として扱われていました。

四十歳になるかならないかの頃から、ムハンマドは山の洞窟にこもって瞑想に耽るようになります。この山ごもりのときに天使が現れ、最初の啓示を受けます。天使はムハンマドに「読め」と語りかけます。「読め」といっても文字を読めといっているのではありません。ムハンマドは文字が読めませんでした。「読め」とは、彼にくだされた神のメッセージを言葉で復誦せよという意味です。

最初、彼は「読めません」と断るのですが、天使につかまれて、覆いかぶされて、苦しくなるとまた放されて「読め」とつめよられます。「私は読めません」と断ったもののこれが三度くり返され、天使は「読め、創造をなされた主の御名において読め。凝血から人間を創造されたお方。読め、汝の主はもっとも尊いお方。筆とる術を教えられたお方。人間にその知らぬことを教えられた」(『クルアーン』第96章1—5節)といいます。

この最初の降臨が起きたのは六一〇年です。帰宅したムハンマドは妻のハディージャにこの体験を語り、「私は自分が怖ろしい」と告白します。そこでハディージャは、聖書に通じたキリスト教徒の従兄弟を呼んで、ムハンマドの体験を判断してもらいます。従兄弟は「それはムーサー(モーセ)に降臨したのと同じナームース(天使ガブリエル）だ」と断定します。
安心したムハンマドは徐々に預言者としての自覚をもつようになります。以後、啓示は彼が六三二年に亡くなるまで二十二年にわたって、断続的に少しずつくだされます。これがムハンマドの死後一冊にまとめられたものが『クルアーン』です。

奇跡物語と無縁な啓典

『クルアーン』の特徴の一つは、奇跡物語がほぼ皆無であることです。旧約聖書にしても福音書にしても、内容はさまざまな奇跡に満ちあふれています。モーセはさまざまな魔術を使い、イエスもまた病気治しや、死者を蘇生させるといった奇跡を行います。福音書では、奇跡こそ真理の証であり、イエスの奇跡を目にすることで多くの人びとが信仰したとされています。しかしそれらとは対照的に『クルアーン』やムハンマドの伝記には奇跡をめぐる物語はほとんど見あたりません。

ムスリム自身は、『クルアーン』の存在こそが奇跡であると考えています。イスラーム学は、内容のみならず詩的な韻律の美しさにおいても『クルアーン』は完璧である、『クルアーン』を預言者ムハンマドが授かったこと自体が奇跡なのであるとしています。

これは時代状況とも関係しています。モーセの時代のエジプトは魔術が跋扈《ばっこ》していました。それゆえにモーセは、それをも凌駕する魔術の業《わざ》を与えられたことで、自分が預言者であることを人びとに認めさせた。また、イエスはギリシアがすぐれた医術を誇っていた時代に生きていたので、いかなる名医にも治せない病をも治すという奇跡の業を示したのです。

一方、ムハンマドが生きた時代のアラブは、詩が尊ばれていて、多くのすぐれた詩人が活躍していました。そこで神は、ムハンマドにいかなる詩人にも真似のできない『クルアーン』を預言者の証として授けられた。人間の力量をはるかに超えたその詩的言語能力こそが、ムハンマドが神の啓示を授かった預言者であることを、なによりも完璧に証明するものにほかなりませんでした。

中にはムハンマドの言葉をシャーマンのような巫女《みこ》の言葉ではないかといったり、ジン（精霊）に憑依《ひょうい》されたのではないかと疑いをさしはさむ者たちもいましたが、最終的には、そうではないという認識が広まり、イスラームの教えは広がっていくことになります。アラブ文学史上、『クルアーン』に匹敵するアラビア語の作品はいまだに現れていません。『クルアーン』そのものの存在が奇跡であるとは、そういう意味です。

イスラーム世界には、百十四章からなる『クルアーン』をすべて暗誦している人がたくさんいます。モスクに付属するクルアーン学校では『クルアーン』の暗誦の仕方を幼い頃からトレーニングします。厳密な意味では『クルアーン』は翻訳できないものとされています。実際には日本語もふくめて、いろんな言語に訳されていますが、それは『クルアーン』の内容を知るための解釈書であってクルアーンそのものではありません。

『クルアーン』は神の言葉そのものであり、アラビア語以外ではその美しさを表現できません。そのためアラビア語を母語としない人たちも、『クルアーン』の読誦はすべてアラビア語で行うことになっています。

シャリーアは恩寵である

ムスリムになると『クルアーン』と、ムハンマドの言行録「ハディース」をもとにした規範であるシャリーア（イスラーム法）に従って、日常生活のすべてをイスラームに基づいて生きることになります。具体的には一日五回の礼拝、酒を飲まない、豚肉を食べないといった、こまごまとした行動規範に従うことです。

もっとも基本的な義務として、信仰告白（シャハーダ）、礼拝（サラー）、喜捨（ザカー）、断食（サウム）、巡礼（ハッジ）の五つがあります。

信仰告白とは入信のときに唱えた「ラーイラーハイッラッラー」（アッラーのほかに神はなし）と「ムハンマドゥンラスールッラー」（ムハンマドはアッラーの使徒である）という二つのフレーズであり、これを毎日の礼拝のときにくり返します。

喜捨は資産の一部を困窮している人に施すこと。

断食は一年に一度、ラマダーン月の一ヵ月、夜が白み始めてから日没までの間、飲食や性行為などを慎むこと。

巡礼は、一生に一度、メッカのカアバ神殿に巡礼することです。実際には巡礼にはお金がかかるのでできない人もたくさんいます。

このほかにも、服装規定や食物規定、さらにはジハード（聖戦）といった政治的なことにいたるまで事細かに定められています。こう聞くと、さまざまな戒律があって、やっぱりイスラームは厳しいではないかと思われるかもしれません。

しかし、イスラーム法は、われわれ日本人が考える法とはかなり異なります。日本や西洋の法律は、法にかなっていれば罪はなく、法にかなわなければ罪と見なされます。基本的に禁止義務の体系です。法に反すると罰を受けます。イスラーム法は、こうした禁止と義務の体系ではありません。

イスラーム法学では人間の行動する規範を、以下のような五つのカテゴリーに分けて考えます。

・やらなくてはならないもの　ワージブ（義務）
・やったほうがいいもの　マンドゥーブ（推奨）
・やってもやらなくてもかまわないもの　ハラール（許可）
・やらないほうがいいもの　マクルーフ（忌避）
・やってはならないもの　ハラーム（禁止）

「やらなくてはならないもの」には礼拝や喜捨からジハードのようなものまで含まれます。ジハードについてはあとで述べることにします。「やったほうがいいもの」には任意の断食や小巡礼などが、「やってもやらなくてもかまわないもの」には女性への求婚など、「やらないほうがいいもの」には礼拝前の浄めのとき必要以上に水を使うことなど、「やってはならないもの」は窃盗や姦通、飲酒、賭け事などです。

では、これらに違反するとどうなるのか。基本的にほとんどの場合、現世での罰は

カイロのフセイン・モスク前広場での金曜集団礼拝。モスクに入れなかった信徒たちは、外で礼拝する。フセイン・モスクはイスラーム地区にアズハル・モスクと通りをはさんで位置する庶民に人気の高いモスク。

ありません。イスラームは、ユダヤ教やキリスト教と同じく、最後の審判と来世を前提とした宗教です。罪の償いは、そこでなされることになっています。罪を償わせるために罪人を刑務所に何年も収監することも原則的にありません。

一部、現世での罰が規定されている罪もあります。たとえば、お酒を飲んだら鞭打ちとか、泥棒をしたら手首を切り落とすといったことです。非イスラームの人たちは、こういう部分に注目して、「なんて残酷な」という反応をするのですが、これもまたイスラームの側からすると見方がちがってきます。

イスラームは慈悲の宗教だといいました。イスラーム法というのは戒律、規制であるというより、むしろ恩寵です。イスラーム法さえ守っていれば、とりあえず天国に行けることを保証されるからです。

どんなに時代が悪くなろうと、その人がどんな人間であろうと、イスラーム法さえ守っていれば、アッラーは人間を救済してくれる。イスラーム法が恩寵であるとは、そういう意味です。学校の規則や国の法律をいくら守っても天国へは行けません。

逆に、イスラーム法を守らなければ地獄へ行くと決まっているわけでもありません。アッラーは、たとえば飲酒をしたというその行為において人間を裁くわけではないからです。人間にはうかがい知れない一瞬一瞬——酒を飲んでいたときどういう気持ちだったかとか――を総合的に見て判断します。酒を飲んだから単純に地獄行きというものではないのです。それを決定するのもアッラーだけです。

なぜ法学が重要なのか?

ユダヤ教やキリスト教に比べて、イスラームは法学をひじょうに重視します。ユダヤ教やキリスト教にも法学の考え方がないわけではありませんが、イスラームとはかなり異なります。ユダヤの律法は神殿祭祀が中心であり、キリスト教の場合は、キリスト教徒の行為規範というよりも教会という組織を運営するための法になっています。

イスラーム法学は『クルアーン』と「ハディース」をどのように解釈し、実践したらよいかを考える学問です。預言者ムハンマドが生きていたときは、その振る舞いを見たり、教えを聞いたりしながらイスラームを実践すればよかったのですが、預言者の死後は、遺されたテキストをもとに、イスラームの実践の仕方を考えなくてはならなくなりました。

『クルアーン』には「これこれをしなさい」という形での記述は多くありません。一見矛盾することも書いてあります。ムハンマドが厳しい迫害に遭っていたメッカ期と、その後メディナへ聖遷《せいせん》してからの時期の啓示とでは言葉のトーンや内容も異なります。メッカ期には敵に攻撃されても戦うことは許されないとありますが、メディナ期には戦うことは義務とされます。こうした場合、古い啓示は廃棄されたと考え、テキストを整合的に解釈しなくてはなりません。

『クルアーン』に出ていないことはムハンマドの言行録である「ハディース」を調べます。「ハディース」は膨大な量にのぼるので、法学者は、どの言葉がいつ頃のものなのか、前後関係などを調べて、総合的に解釈を下します。

たとえば、イスラームでは一日五回礼拝することはよく知られています。しかし、じつは『クルアーン』にそのことは書かれていません。礼拝の仕方も書かれていません。今日行われている礼拝の回数や様式は、「ハディース」に書かれている預言者の一連の言行を組み合わせて解釈したことによって成立しています。こういう作業を行うのが法学者です。

イスラーム原理主義者と呼ばれていたサラフィー主義者は、基本的には法学など知らなくても、『クルアーン』と「ハディース」をしっかり読めばわかるはずだという立場です。しかし、私は現実のさまざまな状況に対処するのに法学の学問的訓練は不可欠だと考えています。

ただし、イスラーム法学者は、ある行為が法的にどのカテゴリー（義務・推奨・許可・忌避・禁止）に属するかという判断はするものの、具体的な状況がどの法律の範疇《はんちゅう》に当てはまるのかは、その状況を知っている者にしかわかりません。たとえば人が殺された場合、それが殺人だったのか、過失致死だったのか、正当防衛だったのか。あるいはその人が精神疾患だったり、一時的に酔っ払っていたりして責任能力がなかったりしなかったか。そういったことは法学者が知ることではありません。それを決めるのは法学者ではなく裁判官の仕事です。

裁判官は、まず被疑者の証言を聞き、検察が調べた関連事実と突き合わせ、場合によっては精神鑑定の結果も考慮の上で判決を下します。複数の人々がかかわる窃盗などの刑事、契約不履行などの民事の事件では、イスラーム法廷で、カーディーと呼ばれるイスラーム法の裁判官が審理を行います。

一方、礼拝をする、斎戒をする、あるいは酒を飲まない、豚肉を食べない、といった個人の行為に関しては当人が自分の判断で行うことであって、この世の権力が介入することはありません。その行為についてはカーディーがイスラーム法廷で裁くのではなく、死後の復活の後にアッラーが最後の審判を下すのです。その意味で、不完全な人間にすぎないカーディーが行うイスラーム法廷での判決は仮のものにすぎません。

法廷での判決が正しければ、刑罰が贖罪《しょくざい》になり来世での罰はなくなります。誤審であれば、誤審で被ったいわれない苦痛は来世で償われます。全知の正義の神アッラーが主宰する最後の審判に誤審はありません。

現在、スーダンやサウディアラビアのように、イスラーム法を西洋の法律と併用して、部分的に採用している国もあります。しかしそれはイスラーム法の適用ではありません。イスラーム法を西洋の法と混ぜ合わせて、形の上だけでイスラーム法と一致した規定を作り、それを法制化した国家に従っているだけだからです。

ハラール認証という欺瞞

イスラーム法において「やってもやらなくてもかまわないもの」という範疇をハラール（許可）といいます。このハラールという言葉は、最近日本でも耳にする機会が多くなりました。ハラール認証といわれているものです。

ムスリムはお酒や豚肉を食べることは禁じられています。これらはイスラームの食物規定では「ハラーム」、つまり「やってはならないもの」に属します。それに対して、「ハラール」は許可されているものです。

ハラール認証とは、その食べ物がイスラーム法的に食べていい物であることを証明する制度です。もともとはムスリム人口の多いマレーシアやインドネシアではじまり、中東や日本にも広がり、ハラール認証機関を名乗る団体も数多く現れ、政府まで認証事業に予算をつけはじめています。

これだけ聞くと、ムスリムにとってハラール認証はありがたいものだと思われるかもしれません。ムスリムが少ない日本では、食材に豚肉やラードが使われていたり、アルコールが含まれていたりするものもあります。ハラール認証のある店やレストランならムスリムが安心して食べられる食材を提供しているのだと思ってしまいます。

しかし、イスラームの原則に照らし合わせて考えた場合、ハラール認証という制度があやしげなものであることは明らかです。イスラーム法学では、酒や豚肉はハラーム（禁止）のカテゴリーに属すると規定してはいますが、たとえばラーメンはハラーム、ハンバーガーはハラールというように、個別の食品ごとに決められているわけではありません。いちいち、これはハラール、あれはハラームというふうに規定できるものではないのです。

なにより問題なのは、その認可を特定の認証団体がイスラームの名のもとに行っていることです。なんども申し上げているように、イスラームではアッラー以外の権威を認めません。その食品がハラールかどうかを決められるのはアッラーだけです。そのアッラーに代わってお金を取ってハラール認証を出すというのは、イスラーム的どころか、明らかに反イスラーム的な行為です。イスラーム法学者が見解を示すことはできますが、あくまで参考意見であって強制力はありません。最終的な判断は、本人が『クルアーン』と「ハディース」を読んで、自分の責任で行わなければなりません。

また、現在のハラール認証機関がどのような方法でハラールかどうかを判断しているかも曖昧です。ある食材がハラールかどうかは、原材料や加工方法だけではなく、その材料の取得法にもかかわってきます。流通過程でイスラームが禁止している利子のついた貸借などがかかわっていれば、食材がハラールであっても、それを食べることはハラーム（禁止）になります。

ハラールであるかどうかの確認を厳密に行うには、膨大な手間がかかります。現在のハラール認証機関は、食材とその取り扱いについてイスラーム法に規定のない勝手な基準を設けておきながら、取引の合法性については口をつぐんでいます。ムスリムのためといいつつ、実際には排他的な利権によって利益を得ているのがハラール・ビジネスの実態です。食品の製造者本人が、これはハラールだと書くのならまだしも、第三者機関がお金を取ってお墨付きを与えるという制度は明らかにまちがっています。ハラール認証機関はたんなる利権団体にほかなりません。

イスラームは規則にしばられているというイメージがあるかもしれませんが、それはまちがいで、本来的には、『クルアーン』をよりどころに、なんの権威にも頼らず自分で判断することがイスラーム的ということです。豚というものを知らないで、豚を食べてしまったら仕方がありません。

サウディアラビアの空港で、醤油を持っていたところ、ごくわずかのアルコールが含まれているからという理由で没収されたという話があります。たしかに、そういうことにこだわる人たちもいます。私はくだらないことだと思います。預言者ムハンマドの時代に飲まれていた飲料に微量のアルコールが含まれていなかったとだれが証明したのでしょうか。微量のアルコールが含まれているからダメ、微量だからかまわないとの判断も個人がすればいいことで、他人が目くじらを立てるべきことではありません。

日本では、こういう細かい形式に厳密にこだわる人たちをイスラーム原理主義者だと思っている人も多いのですが、これは原理主義などではありません。原理主義とは、イスラームの根本である『クルアーン』と「ハディース」に忠実に、根本的なことを大事にするという態度であって、『クルアーン』にも「ハディース」にも具体的な規定のない些細なことにこだわり、勝手に決まりを作ろうとするのは些事拘泥主義と呼ぶべきでしょう。

雪だるまは反イスラーム的か？

このような些事拘泥主義の例として、二〇一五年一月にサウディアラビアのイスラーム法学者が出したファトワ（宗教見解）があります。寒波でサウディアラビア北部に雪が降ったとき、宗教サイトに「子供に雪だるまを作ってやってもいいか」という質問が寄せられ、それに対する回答として発表されたものでした。

法学者は「雪だるまは反イスラーム的なので禁止」とし、「像を作るのは遊びであっても許されない」「木、船、果実、建物など魂を持たないものなら作ってもよろしい」と回答したとのことです。

基本的にサウディアラビアのワッハーブ派（十八世紀半ばにアラビア半島で起こったイスラーム改革運動の一派）はこういう些細なことにこだわる傾向があります。もっとほかにやるべきことがあるだろうと突っ込みたいところですが、これを例に偶像崇拝の禁止について法学的に考えてみたいと思います。

一般向けの解説書などを見ると、イスラームでは偶像崇拝が禁止されているとあります。だから、異教徒の偶像は破壊され、美術でもアラベスクや幾何学紋様、書道などが表現手段の中心となったという記述がしばしば見られます。

しかし、本当にそうでしょうか。イスラーム世界を旅したことのある人なら、かならずしもそうでもないことに気づくと思います。たしかにアジアや西洋に比べれば絵画表現や像は少ないですが、それでもイランの細密画などには人や動物の姿がたくさん描かれています。それにほとんどのイスラーム諸国ではお札に為政者の顔が印刷されていたり、為政者の顔写真が街中至るところに貼られていたりします。それが現代のイスラーム世界の現実です。

ユダヤ教でも、キリスト教でも、イスラームでも偶像崇拝の禁止は共通しています。モーセの十戒も、多神崇拝、偶像崇拝の禁止からはじまります。キリスト教の場合は、イエスやマリアのイコンが信仰の強化のために利用された歴史はありますが、基本的には偶像はいけないということになっています。イスラームでは、その禁止はさらに徹底されます。

ただし、ここで注意しなくてはならないのは、偶像を崇拝することと、像を作ったり絵を描いたりすることは同じではないという点です。雪だるまを作って、それを拝んでいたらたしかに問題です。でも、雪だるまを作ること自体はどうなのか。

じつは『クルアーン』には像を作ることを禁止する章句はありません。「ハディース」のレベルになると、動物の像を描いたり、彫ったりすることを禁じる記述があります。しかし、それは偶像を拝むという信仰にかかわる問題ではなく、あくまで法学的にやってはいけないというレベルの問題です。像を作ったことに対する罰則規定もありません。「ハディース」に「預言者ムハンマドは、幼妻のアイーシャが人形で遊ぶのを黙認した」という記述があるからです。雪だるまを作って遊ぶことは、とくに反イスラーム的とはいえません。

雪だるま程度ならいいのですが、二〇一五年一月に、フランスで預言者ムハンマドの風刺画を掲載した新聞社が過激派に襲われ、編集長や執筆者、警官ら十二人が殺害されるという事件がありました。十年前の二〇〇五年にもデンマークの新聞が預言者ムハンマドの風刺画を掲載して、国内のムスリム団体が同紙に抗議し、シリアのデンマーク大使館やノルウェー大使館が放火される事件がありました。

これらの預言者の風刺画事件についての報道のほとんどは、イスラームの偶像崇拝の禁止という教義と、西洋の表現の自由との対立という構図で論じられていました。しかし、先ほど述べたように、絵を描くこと自体はとくに禁止されてはいません。イスラーム世界でも動物画や人物画は見られるし、イランでは預言者の肖像画の描かれている本も数多くあります。

風刺画事件がイスラームにとって問題であるのは、預言者の絵を描いたからではありません。そのまちがったイメージを流布して、預言者を誹謗《ひぼう》したからです。預言者については、絵であれ、文章であれ、正しい伝承に基づいて真実を伝えなくてはなりません。誹謗、中傷はだれに対しても許されるものではありませんが、とくに預言者についての中傷は厳しく禁じられています。

イスラームに「自由」はない？

イスラームの考え方の枠組みは、われわれ日本人が慣れ親しんだ西洋的な概念とは異なります。われわれにとって自由、民主主義、人権、平等といった概念は、ほとんど身体化されていて、それらが善であることを、ふだん疑うことすらありません。

しかし、これらの概念がいかに曖昧で、欺瞞《ぎまん》をはらんだものであるか。それは先の預言者風刺画の事件で、「表現の自由」の名のもとに、それに対して反発する自由を抑え込むといった欺瞞からも明らかです。フランスは公的な場所に宗教的なシンボルを持ち込んではならないということを法制化して、ムスリムの女性が学校にヴェールをつけて登校することを禁じています。「自由」を謳いながら、ヴェールをつける自由は認めていません。

イスラームには、なにものにも束縛されない人間の抽象的な「自由」という発想はありません。アラビア語にも西洋的な意味での「自由」にあたる言葉はありません。形容詞なら「フッル」、抽象名詞なら「フッリーヤ」というのが「自由」を意味する語彙ですが、これは古典アラビア語では「アブドゥ（奴隷・下僕）ではない」という意味でしかありません。

現実的に見ても、人間が生きるうえでかならず制約は存在します。心臓は自由に止められないし、関節をどの方向にも自由に動かせるわけでもありません。こうした物理的制約の上に、社会的、経済的、政治的、法的など、さまざまな制約があります。いわば自由とはドーナツの穴のようなものです。ドーナツ本体は法あるいは制約を表し、それがないところを自由と呼んでいる。存在するのはドーナツであって、穴が存在しているわけではありません。

ですから、「この国には自由がある」「この国には自由がない」という言い方には意味がありません。自由が「ある」「ない」という問題ではなく、国によってドーナツの形がちがうというだけのことです。この国では穴にあたる部分が、ほかの国ではドーナツで占められている。その国に自由がないのではなく、制約の範囲がちがうだけです。

たとえば、服装の「自由」とは、公然わいせつ罪に抵触しない範囲ではなにを身に着けようと犯罪とはみなされないという意味です。飲酒の「自由」は、道路交通法や未成年者飲酒禁止法に抵触しない範囲で飲酒行為が許されているということです。

日本は服装は自由で、飲酒も認められているが、イスラーム社会には服装の自由がなく、飲酒の自由もない、ということではありません。日本とイスラーム社会では服装、飲酒の禁じられる範囲が異なり、それに応じて自由度も異なるというだけです。イスラームでは四人まで妻をもてるが、日本では一人しかもてない。だから日本は自由でないとは、われわれはあまり思わないのではないでしょうか。西洋的な意味での「自由」という穴の範囲こそが普遍的である、とする考え方をほかの価値観を持った人たちにも押しつけることによって問題が生じているのです。

抽象的な自由という観念はきわめて曖昧です。たとえ言論の自由があっても、貧しいムスリム移民には、預言者の風刺画に対抗してフランス文化の風刺画を描くことができるような文化資本もなければ抗議・反論するメディアもありません。

イスラーム法において「自由」な行為が成り立つのは、人間の行為の五つのカテゴリーのうち「やったほうがいいもの（推奨）」「やってもやらなくてもかまわないもの（許可）」「やらないほうがいいもの（忌避）」の三つの領域です。つまり、神の定めた「義務」と「禁止」以外の領域が、人間の「自由」に任されている。ほかの束縛を一切受けない抽象的な自由という観念はもともとありません。

いかなる社会であれ、法の禁令があり、その禁令の及ばない自由な領域がある。そのことに自覚的であり、それを主体的に引き受けるのが「自由」に対するイスラーム的な向き合い方です。

民主主義とは制限選挙寡頭制のこと

民主主義という考え方もまた、イスラームとは相容れません。そもそも西洋的な民主主義という概念はそれ自体、矛盾をはらんでいます。

近代民主主義では、選挙で選ばれた政治家が国民の代表とされます。そこには支配される選挙民と支配する政治家が同等の存在であるという前提があります。国民が自分で自分のことを決める以上、国民こそ支配者であるというわけです。これが国民主権という考え方です。

しかし、これはフィクションです。フィクションといえば聞こえがいいですが、要するに虚構、嘘です。たいていの国民はお仕着せの選挙制度で、一度も会ったこともない候補者に一票を入れることができるだけです。それを普通選挙と呼んでいますが、選挙民にも年齢や国籍などの制限があります。民の意志といいつつ一部の人間が多数決で選んだ少数の者たちが、大衆がほとんど認知していない法律に基づいて政治を行うシステム。それをわれわれは民主主義と呼んでいるわけです。

しかし、言葉をより正確に使うならば、それは民主主義というより制限選挙寡頭制といったほうが当たっています。これだとムスリム諸国だろうが、ヨーロッパ諸国だろうが、アジアだろうが、世界のほとんどの国に当てはまります。ただしサウディアラビアのような例外もあります。サウディアラビアは国民が王様を選べないだけでなく、国会議員を選ぼうにも法律を制定する立法府すら存在しません。

国によって制限の幅は異なり、「寡頭」にあたるものが王様や独裁者とその取り巻きであったり、内閣と議会であったりというちがいはありますが、いずれにしても、現在、民主主義と呼ばれているものは、制限選挙寡頭制にほかなりません。「ヨーロッパには民主主義がある、アラブには民主主義がない」という言い方は、きわめて不正確です。あるのは制限選挙寡頭制であり、選挙の制限の範囲が異なるというだけのことです。

また民主主義とは国民が国会議員に立法権を与えて、それに従うシステムです。人に立法権を認めるという時点で、人が人に従うことを否定するイスラームとは相容れません。

民主主義国家は人民に主権があるとしています。しかし、その主権を行使して制定したはずの法律が、どのくらい国民に知られているでしょう。ほとんど知られていないのが実情ではないでしょうか。日本では義務教育がありながら、法律はほとんど習いません。わずかに教えられているのは生活から遊離した憲法の一部だけです。

罪刑法定主義（どのような行為が犯罪となり、それにどのような刑罰が科せられるかは既定の法律によって定められるとする主義）の建前を掲げながら、義務教育の中では刑法の殺人罪や窃盗罪さえ教えられていません。日本では日々、膨大な数の法律と行政命令が「官報」に公示されています。しかし多くの国民は官報の存在すら知らないのが現状です。

「自由」と同じく「民主主義」はどこにも存在しません。イスラーム世界だけではなく、西洋にも民主主義など存在しません。存在しているのは制限選挙寡頭制だけです。スンナ派のカリフ制も制限選挙寡頭制です。シーア派のイラン・イスラーム共和国でも隠れイマーム（導師）が再臨するまでの期間は、間接選挙によって選ばれた最高指導者を頂点に、直接選挙によって選ばれた大統領や議員が統治する制限選挙寡頭制になっています。

命の値段はラクダ百頭

では、「人権」はどうでしょう。これもきわめてあやふやな概念です。欧米がいう「人権」、つまり人間である権利は、近代西洋に歴史的に生まれた特殊な概念にすぎません。古今東西の人間社会の権利概念を網羅的に調べた上で普遍的なものを抽出した実証的な概念ではありません。西洋は、その特殊な規範的概念を「普遍的」であると決めつけ、植民地支配によって世界に押し付けてきました。「この国には人権がない」という言い方は、自分たちを基準にした言い方です。

事実、「人権」の範囲はきわめて曖昧です。基本的人権の尊重を謳いつつ、その生命を合法的に奪う死刑制度を採用している日本やアメリカのような国もあれば、ヨーロッパ諸国のように認めていない国もあります。それだけとってみても、人権という概念が普遍的でないのは明らかです。

イスラームは基本的に義務の体系です。権利はあくまで義務の裏返しとしてある。義務があるから権利が生じます。義務がなければ権利も生じません。人間はだれでも健康的で文化的な生活を送る権利がある、といっても、国家に生活保護を義務付ける法律がなければただの空文です。「権利がある」という言葉が意味を持つのは、それに対応する義務が存在する場合に限られます。

イスラームで基本的人権にあたるものがあるとすれば、それはイスラーム法における権利と義務の体系です。カリフがイスラーム法によって統治する土地（ダール・アル＝イスラーム）が存在する場合には、そこに合法的に居住する者すべてに対して、宗教、民族、性別などによる差別なく生命の安全が保証されます。ただし、イスラーム法では、殺人罪、強盗殺人罪、背教罪、姦通罪などに対しては死刑を認めています。

では「平等」という概念はどうなのか。フランスの「自由・平等・博愛」という革命のスローガンにあるように、西洋民主主義国家の多くは「人類の平等」という理念を謳っています。しかし、人を「国民」と「非・国民」に分け、「国民」だけで大地を囲い込む領域国民国家というイデオロギーが、すでに「平等」の理念にあからさまに反しています。

イスラームでは、神の前ではだれもが平等です。神は無限に遠い存在であり、神と人との差異に比べれば、人間同士の差異はほとんど無視できるほど小さい。その点においてはすべての人間は平等です。しかし、同時にイスラームは、すべてのものは別々であると考えます。本来、人間は唯一無二な存在であって、同じ人間は二人といません。一人ひとりはその固有性において別々に扱われるべきなのですが、神ならぬ人間の情報処理能力ではそれは不可能なので、人間を大人、子供、男性、女性、同国人、外国人などのカテゴリーに分類して、同じカテゴリーに属する者は法的に同一に扱うことにする。それがイスラームにおける法のもとの平等です。人権思想と結びついた理想化された抽象的な平等とはちがいます。

また西洋では、平等といいつつ、保険や賠償、慰謝料などの計算で、命の値段を生涯賃金などによって人それぞれ別々に算出します。稼ぎの大きい人の命の値段は高く、無職だったり、社会不適合者であったりすると安くなる。この点、イスラーム法では命の値段は平等です。殺人の損害賠償額はムスリムの自由民であればカリフであろうと生活保護を受ける喜捨受給者であろうと一律にラクダ百頭です。ただし女性の損害賠償額、異教徒の損害賠償額は男性ムスリムより少ない、というのが通説です。

領域国民国家という反イスラーム的イデオロギー

民主主義国家を名のる西洋諸国においても、自由や民主主義、あるいは人権という思想はじつは従属的な位置しか占めていません。中心となる価値観はむしろ領域国民国家というイデオロギーです。

それは世界各地で起きている少数民族による独立運動を見てもわかります。マイノリティー集団が、自分たちの集団の中で民主的に独立を決定して、独立したいと訴えても、民主主義国家はそれを認めません。民主的決定の母体は、あくまでも領域国民国家の国民だからです。

また、領域国民国家の外の人間も民主的決定の主体にはなりません。たとえば、アフガニスタンの国民は、アメリカに自分たちの生殺与奪の決定権を握られていても、アメリカ大統領の選挙には参加できません。トルコ系ユダヤ人政治学者でイェール大学教授セイラ・ベンハビブは、国際人権規約の第十二条に「すべての者は、いずれの国（自国を含む）からも自由に離れることができる」とあるにもかかわらず、国家に移民や難民の受け入れを義務付ける規定がないことの矛盾を指摘しています。つまり、この第十二条は空文化しています。

　領域国民国家のイデオロギーと、民主主義や人権などの価値の二者択一を迫られたとき、欧米人が選ぶのは領域国民国家イデオロギーです。本人たちはあまり自覚していないようですが、欧米の至上価値は、自由や民主主義や人権ではなく、領域国民国家イデオロギーなのです。

　現代の世界では、ごく限られた先進国が地上の富を享受し、大多数の人びとが「先進国」から切り離された「発展途上国」で生活することを強いられています。一日一ドル未満の生活という飢餓の中で貧困に苦しむ人びとの数は九億六千万人にも達するともいわれています。にもかかわらず、彼らが生きることを求めて豊かな国に移住することは制限されている。それは平等という概念と矛盾しないのでしょうか。

　ミャンマー西部のバングラデシュとの国境付近にはロヒンギャと呼ばれるムスリムの少数民族が七十万人から百五十万人暮らしています。ところがミャンマーはロヒンギャをバングラデシュからやってきたベンガル系の不法移民として扱い、国民として認めていません。このため彼らは無国籍状態に置かれています。

　多くのロヒンギャが、イスラームを国教とするとなりのバングラデシュに対して難民としての受け入れを求めてきましたが、バングラデシュ政府は受け入れを拒んでいます。ロヒンギャ難民の乗ってきたボートは追い返され、難民キャンプに暮らす二十万人ほどのロヒンギャについても、バングラデシュ政府はミャンマー政府に引き取りを求めています。

「国民でない」という理由だけで、同じムスリムでありながら不法滞在者として厄介者扱いされてしまう。こうした状況はイスラームの精神に明確に反しています。イスラームにはウンマという重要な概念があります。これは共同体という意味のアラビア語ですが、冠詞をつけた場合、ムスリム全体の共同体を表します。民族や国籍や住んでいる場所にかかわらず、ムスリムでありさえすればウンマの一員であり、自由に動き回れるのが本来のウンマのあり方です。しかし、このウンマの団結を妨げているのが、自由や平等や民主主義を謳っている西洋の領域国民国家イデオロギーにほかなりません。

イスラーム組織は反イスラーム?

イスラーム諸国の連帯や協力を強化し、その解放の支援を謳っている組織がないわけではありません。五十七ヵ国が加盟しているＯＩＣ（Organisation of Islamic Cooperation＝イスラーム協力機構）という巨大な団体があります。

これは国連のように常任代表をおく国際機構でサウディアラビアのジェッダに事務局がおかれています。参加国は西アジア、北アフリカ、西アフリカ、東アフリカ、中央アジア、南アジア、東南アジアなど世界中にまたがっています。このように聞くと、いかにもイスラーム的な団体という印象を受けるのですが、現実は異なります。

ＯＩＣ設立の経緯は、だいたい次のようなものです。一九五〇年代から六〇年代にかけて、当時のエジプトのナセル大統領や、シリアやイラクのバアス党などがアラブ社会主義によるアラブ世界での覇権の確立を目指したことがあります。これに対して、サウディアラビアのファイサル国王は、湾岸の王制諸国に呼びかけて、アラブ社会主義を無神論と断じるイデオロギー闘争を展開しました。ファイサルのもくろみがうまくいってナセルが目指していたエジプト・シリアの統合は失敗し、シリアとイラクのバアス党も分裂します。さらに一九六七年の第三次中東戦争にエジプトが敗北するといったことがつづき、アラブ社会主義は自壊します。

結局、ナセルはアラブ社会主義による覇権への野望を放棄し、財政的・外交的支援を条件にファイサルの軍門に下ります。こうしたファイサルのイスラーム外交が結実したのが、一九六九年のＯＩＣ創設決定でした。

つまり、ＯＩＣとは、イスラームの連帯を謳うといいつつ、イスラーム世界が本来目指すべきイスラーム世界の統一に真っ向から反対している組織なのです。「相互に主権を尊重する」といいつつ、現実には加盟国の為政者の間で結ばれた「互いの縄張りを侵さない」協定を守ろうとするのが主要目的です。

先ほどウンマ（イスラーム共同体）という概念にふれましたが、現実のイスラーム世界ではウンマが分裂状態にあります。国民国家があって、国境が存在しているため、ムスリムはウンマの一員である前に「国民」であることを余儀なくされて、自由に行き来することもできません。

ＯＩＣは、こうしたウンマの分裂を解決するどころか、むしろ現状を隠蔽《いんぺい》して、あたかもそこに連帯があるかのような幻想を与えることに力を注いでいます。ＯＩＣはパレスチナ闘争を支援し、ソ連のアフガン侵攻や、セルビア人によるボスニア・アルバニア人の虐殺、ロシアのチェチェン侵攻などに対して、たびたび非難決議をしています。しかし、そこにはなんら実効性がともなっていません。ムスリムへの抑圧を非難しているポーズを取ることで、ウンマの連帯意識を抑える、いわばガス抜きでしかありません。

ウンマの真の意味での連帯はカリフ制です。つまり、ＯＩＣはカリフ制の復活を妨げるために存在しているといってもいいでしょう。その意味で、イスラーム的どころか反イスラーム的な組織にほかなりません。

モスクはイスラーム寺院ではない

ここで少し身近な話題を取り上げましょう。一般の日本人が観光旅行でイスラームの国々を訪れるとしたら、何を見に行くでしょう。ヨーロッパだと歴史的な街並み、博物館、美術館、教会などでしょう。イスラーム世界でも似たようなものですが、ヨーロッパではあまり見ないものとしてモスクが加わるでしょう。

モスクとはなんでしょう。ガイドブックなどではイスラーム寺院と訳されているものもありますが、モスクは仏教の寺やキリスト教の教会とは異なります。礼拝を行う場所ではありますが、仏教寺院の本尊や、教会の祭壇にあたるような崇拝の対象はありません。供物もありません。偶像崇拝は禁止されていますから、神を表す絵画や像ももちろんありません。本来、モスクに必須なのは、聖地メッカの方向を示すくぼみであるミフラーブだけです。礼拝さえできれば、形態はどうでもいい。のちに説教壇ができたり、水場がついたりしますが、最初は壁や天井すらありませんでした。いうまでもありませんが礼拝の方向であるカアバ神殿を擁するメッカの聖モスクにミフラーブはありません。

キリスト教の教会や仏教の寺は礼拝の場所ではありますが同時に組織です。カトリックの教会（エクレシア）という言葉は、もともと「キリスト教徒共同体」を意味していました。教会は建築物であると同時に信徒からなる法人なのです。すでに述べたように、カトリックの信徒は教会を中心とした教区に所属しています。それぞれの教区は教区長である司教によって管理され、その上にはローマ教皇庁があります。すべての教会は、ローマ教皇を頂点として、その下に枢機卿や大司教がひかえる巨大なヒエラルキーの末端に位置づけられています。

歴史的背景は異なりますが、日本の仏教組織も同様で、江戸時代には、各寺はそれが所属する宗派の本山に所属し、さらにその上に藩、幕府と階層構造のヒエラルキーが存在していました。このような組織構造はいまなお維持されています。

イスラームにこのような組織はありません。本山のようなモスクがあって、そこが各モスクを統括するということもありません。それぞれのモスクはどこにも所属しておらず、ムスリムもどこかのモスクに登録されているわけではありません。日本のキリスト教徒の数は、国内の教会に登録された信徒の情報を見れば、だいたいわかりま

シーア派のカーズィミーヤ・モスク（バグダッド）。７代目と９代目のイマームの廟を納めている。シーア派のモスクは色鮮やかなタイルや黄金を用いたゴージャスなデザインのものが多い。

す。しかし、ムスリムの場合は信徒の情報を統括している機関がないので、その数もおおざっぱにしかわかりません。組織が信徒の個人情報を管理するという仕組みは最初からありませんでした。

モスクはだれがどのようにして建てるのか。通常は、ここにモスクを建てたいという寄進者が土地を購入し、建築費を負担して上物を建て、できあがったモスクを神に奉献し、所有権の移転を永久に凍結します。同時に、そのまわりに店舗や住宅、農場などを建てて、その収入をモスクの維持・管理費にまわします。寄進者はモスクや店舗の管理者を指名します。モスクのそばに『クルアーン』を学ぶための学校が建てられることもあります。

モスクの建設は基本的に個人の寄進者によるものです。スルタンやカリフのような大権力者が多方面に寄進して多くのモスクを建てるということはありましたが、基本はあくまで個人で、中央集権的な組織とはかかわっていませんでした。慈善事業のために寄進された財産や建物や土地はワクフと呼ばれ、イスラーム経済において大きな位置を占めてきました。ワクフは「止める」という意味で、ワクフとなった土地の所有権は永久に停止されます。ですから、いったん建ったモスクは壊すことができません。

リファーイー・モスクの礼拝(カイロ)。正面のくぼみがメッカの方向を表すミフラーブ。右に説教壇。リファーイー・モスクは19世紀後半から20世紀にかけて建設された比較的新しいモスク。リファーイー教団の祖であるアル・リファーイーの墓がある。

近代以前はイスラーム世界の土地の半分くらいがワクフでした。ところが、近代になってイスラーム世界が国民国家システムの中に取り込まれると、ワクフの国有化が始まります。これはイスラームにとって大打撃でした。ワクフが国有化されるとは宗教が国家の管理下に入ったということです。以後、イスラーム世界全土において宗教の自立性はいちじるしく失われていきます。現在、エジプトにはワクフ省という役所がありますが、そこに登録されていない人は説教も禁じられています。説教の内容をワクフ省の役人があらかじめチェックすることもあります。

ただし、シーア派のイランではワクフの国有化がうまく行きませんでした。当時のパーレヴィー国王はワクフの国有化を実現して、宗教を骨抜きにしたかったのですが、ワクフの管理権をもつウラマー（イスラーム学者）たちが断固として抵抗して、ワクフを守り抜きました。イラン・イスラーム革命が成功したのは、ワクフの国有化を許さなかったことで宗教の力が維持されたことが大きな理由の一つといえるでしょう。

イスラームは政教一致ではない

イスラームについての、よくある誤解として政教分離と政教一致をめぐる問題があります。政教分離とは、政治が宗教に介入したり、宗教が政治に介入することがないように両者を分離することとされています。ヨーロッパのキリスト教諸国は、政教分離こそが近代的な国家の条件であり、それに対してイスラーム世界は政教が一致しているから遅れている、といった言い方がなされてきました。

しかし、この議論は正確ではありません。たとえば大日本帝国の時代、日本は国家神道を奉じていました。私の祖父は神主だったのですが、戦争中、「従軍神主」として中国に行っていました。西洋から見ると、そのような日本は政教が一致した宗教的な国家と思われたかもしれません。では、神主が日本の政治を動かしていたかというと、そんなことはまったくありません。

政教分離についても同様な誤解があります。いったい政教分離とはなんでしょう。それはもともとは社会分化についての考え方です。

社会は単純なものから複雑なものへと進化していきます。未開社会では、さまざまな要素が未分化です。王様が神がかって、隣の国に攻めるぞとお告げをすると、人びとがそれに従って行動する。そういう社会ではたしかに政治と宗教は未分化です。もう少し社会が複雑化すると、お告げをいう人、戦う人、兵站《へいたん》にかかわる人などが分化していきます。それが政教分離です。

しかし、西洋が政教分離と呼んでいるのは、そのような社会分化をさしているわけではありません。もともとはローマ帝国の末裔《まつえい》である国家とカトリック教会という組織の対立から出てきた話です。ローマとキリスト教はもともと一つだったわけではありません。多神教のローマ社会が征服戦争によって拡大していく過程で、キリスト教というユダヤ起源の異邦人の宗教が入ってきたものであって、ローマ固有の社会の中で国家と宗教が分かれていったわけではない。しかも、教会は騎士団のような軍隊まで持っている政治的な官僚組織です。

つまり、もともと異なる起源を持つローマ帝国の権力組織とキリスト教会という権力組織とを対立しないように分けた。政治と宗教ではなく国家と教会を分離した。それをあとで政教分離と呼んだのです。そのモデルはほかの社会にはあてはまりません。

イスラームの場合、初めは政教は未分化でした。預言者ムハンマドに啓示が下って「あそこに陣を敷くぞ」というと、それにまわりが従い、戦いに出かける。軍人と民間人の区別もなく、戦費という予算枠があったわけでもありません。預言者の行いは神の行いであり、法律も政治も経済も分離していなかった。その意味では、預言者の生きていた時代はおおざっぱに政教一致していたといえます。

しかし、預言者の死後、カリフの時代になると、神からの命令が下ることはなくなります。イスラームでは預言者は神から天啓法を授かった無謬《むびゅう》の人間です。そうした預言者はムハンマドが最後です。その後、ムスリムを束ねるリーダーとなったカリフも、神からの啓示を授かる人間ではなく、『クルアーン』をもとにしたイスラーム法に基づいて政治を行う世俗の指導者です。無謬の存在ではありません。

つまり、カリフ政体は宗教国家・神権国家ではなく、むしろ世俗国家です。神に代わって人の罪を許す聖職者もいません。いるとすれば法にくわしい人間とそうでない人間がいるだけの話です。その意味では、イスラームはかなり早い段階から政教分離していたのです。

サウディアラビアのような国でも同じです。サウディではムスリムの女性はみな顔と体を黒い布ですっぽり隠していて、車の免許も取れません。礼拝の時間になると、街中の店が閉まります。それだけ見ると、政治と宗教が一体化した厳格なイスラームの国に見えるでしょう。けれども、サウディでも政治と宗教はしっかりと分かれています。

たとえばサウディアラビア人に、「イスラーム法では税金はないはずなのに、サウディはあるね」とか「ムスリムは本来、イスラームの世界を自由に出入りできるはずなのにどうして日本人ムスリムにはビザがいるの」とか「どうして同じムスリムなのにインドネシア人は給料が低いのか」とか、そういうことを口にすると、サウディ人は一言「スィヤーサ」といって口をつぐみます。

スィヤーサとは政治という意味です。それは政治の領分であり、王族が語るべきことである。一般人が語るべきことではない、ということなんです。イスラームでは政治と宗教ははっきりと分化しているのです。

政教一致のシーア派

ただし、これはスンナ派イスラームについていえることで、シーア派では事情は異なります。ここでシーア派について説明しておきます。

シーア派はイランやイラク、バーレーンなどに多い宗派です。イスラーム世界全体では多数派のスンナ派が約八割なのに対して、シーア派は約二割といわれています。

スンナ派とシーア派が分かれたのは、預言者ムハンマドの死後、その後継者のカリフをめぐる対立がもとになっています。ムハンマドの高弟たちはアブー・バクルをカリフとして選ぶのですが、それに対してムハンマドの従兄弟で娘婿でもあったアリーこそが真の後継者たるイマーム（導師）であると主張する者たちがいました。イマームは無謬であり、預言者ムハンマドと同じく絶対的な権威をもった存在です。

その後、アリーは第四代目のカリフになるのですが、そのカリフ位を認めないハワーリジュ派の暗殺者たちによって暗殺されてしまいます。アリーの跡を継いだのはウマイヤ朝を開いたムアーウィヤです。この四代目アリーの前までのカリフとその後ムアーウィヤが開いたウマイヤ朝以降のカリフを認めるのがスンナ派です。それに対して、アリーこそがイスラームの教えを正しく伝える無謬のイマームであるとするのがシーア派です。

スンナ派のカリフが世俗的な指導者であるのに対して、シーア派ではイマームは、アッラーから無謬の存在として、預言者ムハンマドの後継者に選ばれた者と考えられています。このイマームの絶対的権威を認めることがシーア派におけるムスリムの条件となっています。つまり、イマームの無謬性や絶対的権威を認めていないスンナ派は、シーア派から見るとムスリムではないことになる。そこにシーア派とスンナ派のえんえんと続く対立の根があります。

シーア派もそのあとだれを最後のイマームにするかという点で争いが起こり、イスマーイール派、ザイド派、十二イマーム派に分かれます。現在はほとんどが十二イマーム派です。

十二イマーム派とは、初代のアリーからムハンマドの子孫によってイマームが継承された後、九世紀の終わり頃、十二代目イマームが地上から姿を消して霊的な次元に隠れ、いまなおその状態がつづいているとするものです。この隠れイマームが最後の審判の前に再臨するというのが十二イマーム派の信仰です。

シーア派のイマームの権威というのは非合理的・神秘的であり、その政治は神権政治です。シーア派では、社会分化が進んでいくうちに、あらためて宗教の部分と政治の部分がイマームに一元化されたわけです。その意味でシーア派は、政教一致のシステムといえるでしょう。

第3章

余は いかにして イスラーム教徒に なったか

日本人がムスリムになるパターンはいろいろあります。いちばん多いのは国際結婚でしょう。旦那さんがムスリムなので奥さんもムスリムになる。女性の多くはこのパターンです。

男性の場合ですと、最近よくあるのがイスラーム圏を旅して、現地の人に世話になるような経験をしたのがきっかけというパターンです。イスラーム圏はどこもホスピタリティーがあって旅人に親切です。日本ではなかなか出会えない親切に気持ちがほだされているときに「おまえもムスリムにならないか」と勧められて、なんとなく勢いでなってしまうというケース。もっとも、これだとあまり長続きしない。「いい人だと思っていたけど、だまされた」とか「思っていたのとちがう」といってやめてしまう人もいます。

私の場合は、尊敬できるようなムスリムとの出会いがあったわけでも、劇的な啓示的体験があったわけでもありません。あえていうなら、ムスリムになるのが「論理的に正しい」と思ったからです。入信したのは二十一歳のときです。どのようにして、そこにいたったのか、子供時代の思い出もまじえてふりかえってみます。

プロレスと将棋と読書と

私は岡山県に生まれ、兵庫県の芦屋と西宮で育ちました。とくに家に宗教的環境はありませんでした。母は神主の娘で、母方の親類にも神主がたくさんいます。でも、だからといって母が家でなにか宗教的なことを大切にしていたという記憶はありません。父は貿易商で、とくに宗教心はありませんでした。

唯一あった宗教的環境といえば、小学校低学年の頃から近所の夙川《しゅくがわ》教会というカトリック教会に通っていたことです。外国人がたくさん出入りしていたので英語の勉強になるだろうということで父にいわれて通うようになったと思います。そこで神が存在することや、善や正義も実在しているという考えに自然に慣れ親しんでいきました。

学校は嫌いでした。友だち付き合いも運動も苦手でした。一人っ子だったので家で本ばかり読んでいて、あとは怪獣の人形で遊んだり、第二次世界大戦の軍艦や戦車のプラモデルを作ったりしていました。ふつうの子供、というより、ふつうよりコミュニケーションができない発達障害気味の子供でした。それでも勉強はできたし、教えられていないことでも本で読んで知っていたので、学校では先生のまちがいを指摘したりして先生には嫌われていました。憎らしい子供だったと思います。

小学校五年生のときに中学受験のために小さな塾へ通うようになりました。塾の同級生にいっしょに灘に入学し、いま評論家・精神科医として活躍している和田秀樹君がいました。兵庫県に住んでいて勉強ができるとなると灘中学を目指すというパターンがあって、私もそれで灘を受験しました。合格したのですが、基本的に学校が嫌いなことには変わりがありませんでした。

灘は自由な学校でした。制服もなければ、校則もない。一九七〇年代の初めでは珍しかったと思います。ただ公式に制服の強制はなかったのですが、灘中の入学式の写真を見ると、全員が制服で私だけがブレザーを着ています。

同級生には、いまジャーナリストとして活躍している勝谷誠彦君もいました。個人的に話したことはなかったのですが、彼は高校一年のとき生徒会長になったのでよく覚えています。

相変わらず孤独でしたが、一人でいることは苦ではありませんでした。ただ、受験から解放されてマンガを読むようになり、勉強もしなくなって、成績はどんどん落ちていきました。そうなると学校にも行きたくなくなり不登校になりました。いまでも、

灘中学の入学式。前から4列目、右から2人目が著者。服装は自由だったが、みな学生服で自分だけブレザーだった。

ときどき夢を見ます。あと一日休んだら落第だ、どうしようと思って、あせって目が覚めるんです。

その頃の趣味は将棋とプロレスで、学校の将棋同好会にも入っていました。将棋は人と話をしなくてもコミュニケーションができるのがいいところです。プロレスのほうはフリッツ・フォン・エリックとかアブドーラ・ザ・ブッチャーとか、見せ物的な、いかにもプロレスっぽいのが好きでした。和田秀樹君とも、よくプロレスの話をしました。

小説も読みました。漱石や藤村といった王道の作家には魅力を感じず、もっぱら白樺派に惹かれました。武者小路実篤が好きでした。その理想主義に共感していたのと、本音を口語体でしゃべるというスタイルがしっくりきたんです。とくに気に入っていたのが『真理先生』です。白樺派の提唱した理想主義的な共同体「新しき村」にも魅力を感じました。思想は社会を変える、という信念は白樺派から学んだと思います。いま私がカリフ制の再興を唱えているのも、その原点は白樺派体験にあると思っています。西尾維新のラノベを読んでいて、武者小路実篤の名前が出てきたときは意外で、懐かしく嬉しく思いました。

外国文学ではドストエフスキーをよく読みました。十九世紀の話なのに、とても現代性があることに惹かれました。『地下生活者の手記』と『カラマーゾフの兄弟』がとくに好きでした。登場人物がみなメンヘラで、貧しくて、いま読んでも共感できるところがたいへん多い。哲学ではニーチェに惹かれていました。そのあたりで中学高校時代の思想的なベースが作られた気がします。

灘で習った勉強はすべて忘れてしまいましたが、政経の木下道之助先生からデモクラシーの基礎を教わりました。法の支配と法治主義の違いを知ったのも木下先生の授業を通じてです。

イスラームへの関心

灘高からは東大、それ以外の大学では医学部を受験するのが当時からのならいでした。でも一年目は落ちて、早稲田の政経で仮面浪人をしていました。もっとも当時はまだ仮面浪人などという言葉はありませんでしたが。

この早稲田政経の時代は楽しかった。ゼミは石田光義先生の英語の政治学原書講読を取りました。石田先生が参考書としてあげた、ハンス・ケルゼンの『デモクラシーの本質と価値』は私の人生を変えました。ケルゼンは存在（Sein）と当為（Sollen）を峻別する新カント派の法哲学者ですが、のちに私が研究することになる中世のイスラーム法学者イブン・タイミーヤは、まさにこの存在と当為の二元論をイスラームの文脈の中で語っているのです。その意味で、私の学問の基本は早稲田の仮面浪人時代に作られました。

翌年、東大の文Ⅲ（主に文学部に進学）に入りなおしました。灘からは理Ⅲ（主に医学部進学）か文Ⅰ（主に法学部に進学）に行くのがふつうで、文Ⅲに行く者はほとんどいませんでした。大半の灘高出身者は「もうかりまっか」の世界に生きているんです。

イスラームへ入信する大きなきっかけとなったのは、大学一年のとき、同級生に誘われて駒場聖書研究会というサークルに入ったことです。当時東大の講師だったシェガレ・オリビエさんというカトリックのパリ・ミッション修道会の神父さんが顧問でした。参加者は研究者志向の学生が多く、旧約聖書や新約聖書を学際的・文献学的に研究しました。私は子供の頃から教会に通っていたので、漠然とした神への信仰はすでにもっていました。それをさらに深める形で、ユダヤ教やイスラームに興味が広がっていったのです。

すると、いろんなことがわかってきました。学問というのは論理的な整合性こそが核心です。整合性がなければ学問ではない。宗教は、その根本的な原理の部分については信仰するしかありませんが、原理以外についてはそこに論理的整合性があるかどうかというのが、きわめて重要です。その点から見ると、ユダヤ教やキリスト教は論理的な整合性に欠けることに気づきました。宗教はその教えを整合的に生きることこそが信仰です。イエス・キリストに帰依するとなったら、教祖のように生きなくてはならない。実際イエスの多くの弟子たちが殉教している。もしまじめにキリスト教をするならば、殉教しなくてはならないのではないか。それは自分には厳しすぎると思いました。

一九七九年、大学二年のとき、イラン・イスラーム革命が起こりました。私はノンポリでしたが、たいへんなことが起きたということはわかりました。国家の外側にいる人だったホメイニ師が、イランという国家をひっくり返して、イスラーム法学者が最高指導者を務めるという仕組みを作ってしまった。イスラームがポジティブに現実にかかわっていく生きた宗教であることを知り、大きな衝撃を受けました。一九八一年にはエジプトのサダト大統領の暗殺もあり、イスラームが世界の中で動いているのを感じ、イスラームへの関心がしだいに高まっていきました。

ムスリムになる

大学三年になるとき、東大の文学部宗教学宗教史学科から別れる形でイスラム学科が設立されました。イスラームをもっと学びたかった私はその第一期生として学科に入りました。ところが、入って感じたのは失望でした。イスラームを学ぶとは『クルアーン』を全部覚えて、その内部から見えてくる世界を知ることだと思っていたのですが、そういうレベルの授業とはほど遠かった。それが態度にも出ていたのでしょう。授業のまちがいを指摘したりして、指導教授には嫌われました。あとで自分が教える立場になってみて、つくづく教えにくい学生だっただろうなと思います。

大学に入ってしばらくはキリスト教徒になろうか、ムスリムになろうか迷っていたのですが、この頃にはイスラームへの入信を決めていました。イスラームは具体的に法を守っていく宗教であり、論理的にできていてわかりやすい。聖典である『クルアーン』や「ハディース」についても文献学的裏付けがある。そういう点にも惹かれたのですが、決め手となったのは先ほども述べたようにラクそうだったことです。イスラームはやることがきちんと決まっていて明解です。なるのも簡単です。

入信したのは、大学三年生の終わり頃でした。私の中では、ムスリムになるからには、ムスリムとして正しい生き方をしよう、イスラームという整合的な教えを、整合的に生きようと思っていました。過去に訣別し、それまでの生き方をすべて変える。そういう覚悟でした。前日には好きだったトンカツを食べて、赤玉ポートワインを一杯飲んで神戸のモスクに向かいました。

モスクでは、そこでイマームをしていたフィリピン人の宣教師に証人になってもらいました。ハサンという名前も彼がつけてくれました。これは形容詞で「よい」「美しい」という意味です。でも、じつは私自身はこの名前があまり好きではありません。私のあとに、やはり同じ神戸モスクでこのイマームに名前をつけてもらった日本人がいるのですが、その人もハサンという名をつけられたそうです。それを聞いて、日本人ならだれでもハサンにしてしまうのか、なにを考えているんだと思いました。

もっとも、外国人がムスリムになったらイスラーム名をつけなくてはならないという決まりはいっさいありません。日本の名前のままであっても、まったく問題はありません。

イスラーム学とオリエンタリズム

大学で、当時の指導教官に「入信した」と告げると、いやな顔をされました。研究するのと信仰するのはちがう、と思われているからです。事実、東大のイスラム学科ができて三十年以上たちますが、実際にイスラームに入信した学生は、いまだに私一人です。

文化人類学などでは、調査対象に感情移入しすぎて中に入ってしまうと、もはや客観的な調査とはいえなくなるといわれます。でも、イスラームを客観的に研究するというのは、それとはちがう。客観的といいつつ、じつは西洋のフィルターを通して見えたイスラームを学んでいる。いわゆるオリエンタリズムです。

オリエンタリズムがすべて悪いわけではありません。西洋人はイスラーム世界と長年にわたって歴史的な接触を重ねてきました。しかも同じ一神教の文化圏の中に生きている。日本人のようにイスラームとほとんど接触をもたず、一神教も知らない民族に比べれば、西洋のイスラームについての知識のほうがわれわれより深いのは当然です。ですから、日本人がいきなりイスラームについて学ぶより、西洋のオリエンタリストたちの目を通したものを手がかりにイスラームを理解しようとするほうが、たしかにしっくり来るでしょう。そういう立場に立つ「イスラーム研究者」の言葉や解説を聞くと、一般の日本人の価値観に寄り添っているので、すんなりと納得させられることも多いと思います。しかし、それによって見えなくなってしまうこともあります。

もともと日本のアラブ・イスラーム研究は東洋史研究から始まっています。彼らが目指していたのは、欧米の視点から自由であろうという態度でした。アラブに留学して、現地の資料を読む。そうやって西洋化された自分たちの枠組みをこわそうという姿勢が研究のベースにありました。だから、彼らの多くは、親アラブ・親イスラーム・反米でした。そういう姿勢が私の世代くらいまでの研究者にだいたい共通していました。

けれども、そうした研究の内容が、実際のイスラーム世界での生活感覚と異なるのも事実です。研究では「イスラームはすばらしい」と書かれているけれど、生活してみるとどうもそうは思えない。つまり生活実感とずれているアラブ擁護論になっている。しかし、たとえそうであっても、生活実感をそのまま肯定するようでは研究の意味がないと思います。そこにどういう論理があるのか。自分たちにとって当たり前だとされている視点を疑って、問いつづけるべきだと思います。

いまの若い人たちと、私たちの世代とでは知識人の概念がちがうようです。私たちの世代までは、知識人とはまず、権力と社会を批判的に見る視点をもつ人でした。しかし、若い世代になると、研究者としてはすぐれているけど私たちが考えるところの「知識人」ではないという人が増えている。民主主義とか自由といった身体化されてしまっている西洋的価値観を疑うことなく、その枠の中でイスラームを見ている。そうすると「イスラームってだめだよね、遅れているよね」で終わってしまう。でも、それではけっして見えないものがある。自分が世界を見ている枠組みそのものを疑わないと、長い時間をかけてアラビア語を学んでも、同じものしか見えないんです。それではイスラームを学ぶ意味はありません。

そのことは、自分自身あとになってつくづく痛感したことです。たとえば、日本や西洋の大学でオリエンタリスト的な訓練を受けてイスラームを学ぶのと、中世以来のイスラームの学堂であるカイロのアズハル大学でイスラームを学ぶのとでは、学び方も、教わる内容も、まったくちがいます。生物学と物理学くらいちがうといってもいい。アズハルがいいかどうかという問題はさておいて、そこには比較にならないくらい大きなちがいがあります。

イスラーム世界とのかかわりが深まっているにもかかわらず、私が見るところ、日本のイスラーム研究のレベルはどんどん落ちています。そこには構造的な問題もあります。大学のキャリアパスが変わったからです。文部科学省の方針で修士のうちに業績を上げれば日本学術振興会の特別研究生という助成金をもらえるシステムができました。それをとることができれば研究者としての就職率も上がります。

しかし、アラビア語もろくにできない学生がいきなり業績は出せません。彼らは地道な勉強や研究に時間をかけることよりも、役所向けの中身のない申請書をいかにでっちあげるかにだけ腐心するようになります。そんなのは学問ではありません。でも、そういう申請書が書ける人間のほうが優先される。申請書が書けないと助成金がもらえないので留学もできないし、論文を書くための資料を買うこともできない。だから、イスラームや中東地域研究の若手には、文科省におもねった自画自賛のプレゼンテーションだけが上手で中身のないまがい物ばかりが増えているのです。

私は今は大学を辞めましたが、最後の教え子には大学を辞めてからも毎日個人的にアラビア語講読の指導をしていました。現在の大学のシステムの中では、そこまでしないことには、きちんとしたイスラーム学者は育たないんです。

いざ、カイロへ！

指導教官との学問的な衝突もあって、大学院の修士課程を終えたあと私は東大を出ました。そのあとカイロ大学へ留学することになったのですが、自分から動くのが苦手なので、エジプト行きも自分で決めたわけではありません。いま東大の名誉教授をされている板垣雄三先生に、カイロ大学の哲学者のハッサン・ハナフィー教授に紹介するからカイロへ行きなさいといわれたのです。板垣先生は学界のボス的な存在で、たいへん面倒見のよい方でした。

カイロ行きはあまり気が進まなかったのですが、先に送別会が開かれてしまいました。そうなると行かないわけにもいかなくなり、一九八六年十一月にカイロへ飛びました。それまでにもイスラーム関係の知り合いに誘われて、ブルネイの東南アジア・イスラーム青年会議というのに出かけたり、同じくイスラーム関係の会議でオーストラリアへ行ったりはしていたのですが、長期にわたって外国に暮らすのは初めてでした。

カイロに到着したその日、当時、日本人研究者がよく泊まっていたアングロスイス

アズハル・モスク（カイロ、イスラーム地区）。10世紀に創建されたアズハル・モスクはかつてはシーア派のモスクであったが、のちにスンナ派のモスクとなり、さらにイスラーム学の教育機関としての役割も担うようになった。世界最古の大学といわれ、現在も伝統的なイスラーム学の権威と見なされている。

という安宿に行きました。ところが、着いたばかりなのに、宿のスタッフから「おい日本人、電話だ」といわれ、「おかしいな、だれにも知らせていないのに」と不思議に思いながら受話器を受けとり「もしもし、中田です」というと、電話の相手は当惑した声で「なんで、おまえがそこにいるんだ?」といいました。

それはイスラム学科から先に留学していた同級生の東長《とうなが》靖君でした。彼は、この宿に滞在している長谷川さんという日本人に取り次いでほしいとスタッフに伝えたそうなんですが、スタッフは日本人なら誰でもいいと思ったのか、たまたま着いたばかりの私に受話器をまわしたのです。そんなわけで着いたその日に、同級生と食事をすることになりました。東長君はスーフィズム研究が専門で、いま京都大学の教授をしています。

一段落して、留学手続きをしようとカイロ大学へ行ってみると、事務局は「そんなことは知らない」という。「そんなはずはない」といっても、埒が明かない。エジプトではよくあることです。結局、なんだかんだで手続きが完了するのに、それから二年近くかかりました。

人にだまされ、犬に吠えられ

カイロにやってきたはいいものの、言葉がまったくわかりません。日本でアラビア語は勉強していたし、アラビア語の本も読んでいたのですが、それはフスハーとよばれる正則アラビア語です。しかし、実際にはアラブ世界には多様な方言があります。サウディアラビアや湾岸諸国だと口語も正則アラビア語に近いのですが、アンミーヤと呼ばれるエジプトの口語は、知らないとさっぱりわかりません。仕方なく英語で話しかけると、ろくでもない連中ばかり集まってくる。タクシーに乗って行き先を告げると、土産物屋に連れて行かれる。買い物をしようとすると、ボラれる。ボラれるといっても、当時は円が強かったのでたいした損害にはなりませんでしたが、とにかく、カイロに暮らしはじめてしばらくの間はだまされまくっていました。

ホテルにいてもお金がかかるので、部屋を借りることにしました。エジプトでは親がある程度財産を持っていると三、四階建てのビルを買ったり、あるいはビルの何室かを買って、そこに家具をそろえておき、子供が結婚するとプレゼントするという習慣があります。でも、子供が結婚するまで部屋は空いているので、そこを家具付きで人に貸すケースが多いんです。留学生たちもそういう部屋を借りて暮らしていました。しかし、来たばかりなので、どうやって部屋を見つけたらいいかわかりません。そこで日本に留学経験のあるエジプト人の知り合いの伝手《つて》で探してもらいました。相場も知らなかったので、かなりふっかけられたとあとで知りました。住みはじめてみると、当然なのですが日本と勝手がまるでちがう。人間関係が濃密で、こちらを一人にしてくれない。朝寝ているとたたき起こされる。食事に招かれる。なにかというと呼び出される。用事に付き合わされる。もちろん向こうに悪気はないのですが、人付き合いが苦手で、ひきこもりの私にはつらかった。

モスクにも行ってみたのですが、夜明け前の礼拝に行こうとすると道で野良犬に吠えられる。モスクの中にも人がほとんどいない。だから、いまもそうですが、私はモスクにはあまり行かず、礼拝は家でしています。

イスラームはスーパーポジティブ？

そのあとナイル河西岸のモハンディシーンという地区にある部屋に引っ越しました。緑の多い静かな通りに面した三階建てのヴィラの一階で、庭にはグアバの木があ

カイロ旧市街のハンハリーリ市場の一角。服、装飾品、食器、土産物など、さまざまな店が迷路のような狭い通りに連なっている。服でもおもちゃでも果物でもなんでもつり下げるのが得意。

りました。

一人で暮らすには十分の広々とした部屋だったのですが、電話がついていませんでした。電話はほしかったので、オーナーの女主人に「電話はつくのか?」と聞くと「一週間後に来る」ということだったので、ここに住むことを決めました。でも、それから三年くらい住みましたが、結局電話は来なかった。私は最後までいつかは来ると信じていたのですが。

エジプトや、あるいはほかのイスラーム圏でこういう経験をされた方は少なくないと思います。「これだからエジプト人は信用できない」とか「嘘つきだ」とか「約束を守らない」といって、彼らを非難する人もいます。

でも、エジプトに暮らすうちに、これはけっして相手が嘘をつくつもりでいったのではない、ということがわかってきました。これはエジプト的でもあり、あるいはもっと広くイスラーム的といってもいい特質だと思うんですが、要するに、彼らはスーパーポジティブなんです。

「電話が一週間後に来る」というとき、それは嘘でもなければ、私を喜ばせようとして出まかせをいっているわけでもない。そのときいっている本人は本気でそう思っている。だからといって根拠があるわけではありません。

実際、電話が絶対に来ないとは断言し切れないわけです。電話局がものすごく勤勉に仕事をして、すべてが順調にいって、突拍子もない幸運な偶然が重なれば、万が一、一週間後に来ないともかぎらない。可能性は一％以下であっても、ゼロではない。そういう文脈で受け取らなくてはならないんです。

では、それがどうしてイスラーム的なのか。

よく将来のことをいうときに、ムスリムは最後に「インシャアッラー」という言葉をつけくわえます。これは「神が望みたまえば」というような意味です。たとえば、「電話は一週間後に来るだろう。インシャアッラー」というふうに使います。日本語でそれにあたる表現はありません。

電話が一週間後に来るかどうか、その可能性については、過去の経験から類推すれば、まず来ないであろうことはわかります。もし、言葉を真に受けて、一週間後に電話が来ると信じていたら、われわれだったらがっかりするか腹を立てるかするでしょう。でも、エジプト人はちがいます。一週間たって電話が来なかったとしても、めげません。「今週は来なかったけど、いつ来るのか？」と聞いて、「また来週だ、インシャアッラー」といわれると、「ああ、また来週か」と納得するんです。それでまた来なくても、やっぱりめげない。

結局のところ、電話なんてなくたって生きていける。神が望めば電話がつくだろうし、つかなかったとしても、たいしたことではない。それは人生のあらゆることについていえることです。大学に落ちる、事業に失敗する、そういうことも同じです。ほとんどのことは、まあ、しょうがないかと思って、めげない。それは彼らの考え方の根底に神への信頼があり、それを疑うことがないからです。そのスーパーポジティブさこそイスラームのすばらしいところだと思います。これは彼らの中に身体化されているので、われわれが学んでかんたんに身につけられるというものではありません。

約束に関してはエジプトはまだいいほうです。守られるかどうかは別にして、とりあえず彼らは「明日の何時に会いましょう」という約束をしてくれます。これがアフガニスタンだと、まず約束そのものをしません。だからアポをとらずに、直接いきなり行くしかない。行ったとしてもいないかもしれない。

いまはさすがに変わってきましたが、昔は飛行機に時刻表すらなかった。庶民のレベルではいまだにアポをとるという習慣すらありません。ずっとそういう暮らしをしてきたから、地元の人たちはそれでいらつくこともありません。日本人には約束は守らなければならないという思い込みが強くあります。でも最近携帯が普及して、若い人は平気でドタキャンをするようになったので、それも変わってきているようにも思

カイロ、イスラーム地区のアズハル・モスク内部。祈りの場であるモスクだが、暑い日中には午睡の場として利用する人も多い。

います。昔が異常だったのでしょう。

アラブのＩＢＭという偏見

「インシャアッラー」の話に戻りますが、タクシーに乗って、「どこそこへ行ってください」というときに、運転手が「インシャアッラー」と返してくることがあります。タクシーですら、神が望んでくれないとたどり着いてくれないのかと、あきれる人もいるかと思いますが、それがイスラーム的な発想なんです。人生はなにが起きるかわかりません。ほんの目と鼻の先まで行こうとしても、そこへ行くまでの間に、車が故障したり、渋滞にまきこまれたり、ガソリンが切れたり、事故が起きたりすることがないとはいえません。実際、エジプトではどれもよくあることです。思い通りになることなど、ほとんどありません。

逆に遠いところなのに「五分で着く」といわれることもある。これも奇跡的に、すべての渋滞が解消して、順調にいければ不可能ではないという意味です。どちらにしても、結果は神にゆだねるしかないし、どうなったとしても、それは神の意思なんです。そういう物の見方を、彼らは子供の頃から生活の中で自然と身につけていくんです。

よく、この「インシャアッラー」と同じく、アラブで使われる「ボクラ」（明日）と「マレーシュ」（なんでもない）というフレーズを英語読みしたときの頭文字をとって、「アラブのIBM」といわれることがあります。これは日本や西洋で、アラブの人たちの仕事ぶりを揶揄《やゆ》する意味を込めて使われる言い回しです。しかし、これはあまりに皮相な見方です。

役所などで手続きをしようとすると、担当者がお茶を飲んで仲間同士でおしゃべりしながら「ボクラ」といったりします。これは文字どおりには「明日だ」という意味ですが、実際には「今ではない」という程度の未来を表している言葉です。明日もう一度来れば手続きができるということではなく、「今ではないが、神が望めばいつかはなんとかなるかもしれない」と受け取るべき言葉です。

マレーシュは「なんでもない」「気にするな」「すみません」といった意味で過去に起きてしまったことに対して用いられます。うっかり他人の靴を踏んでしまったとき、両者がともに「マレーシュ」ということもあります。ただし、マレーシュといったからといって、問題が解決するわけではない場合もある。たとえば、車をぶつけてしまった場合、マレーシュといったら、「ムミシュマレーシュ」（なんでもなくない）と返されるでしょう。そんなときは互いに自己主張をし合います。起こってしまったことは神の意思ですが、賠償すべきかどうかという交渉は未来にかかわることです。エジプト人は、相手がどう考えているかは気にせずに、互いに好きなことを言い合います。それは喧嘩ではなく交渉です。

交渉といえば、またタクシーの話になりますが、外国人がタクシーに乗ると、料金のことでもめることがあります。一応メーターはついているのですが、たいてい壊れているし、使っていてもそこに出てくる料金とはまったく関係のない料金を請求されたりします。私は基本的には多めに払っていたので、あまりトラブルになることはありませんでした。でも、外国人観光客の中には、それは理不尽だとか、嘘つきだといって腹を立てる人もいます。しかし、それこそ理不尽です。タクシーに定価があるべきだという発想そのものを、なぜ疑わないのか。

エジプトに定価がないわけではありません。たとえば、床屋などは定価があります。野菜や肉にもだいたいの定価があります。けれどもタクシーは、いつも一定のサービスが提供できるわけではない。さっきもいいましたように渋滞もあれば事故もある。なにが起きるかわからない。そんなサービスに定価があると考えるほうがおかしい。エジプトでもお金持ちはたくさん払います。外国人はお金持ちだと思われているので、たくさん払うのはある意味当然です。それがいやならば交渉すればいい。価格は交渉の関係性で決まります。相場を知っていたり、情報を持っていればボラれることはありません。

たとえば、カイロのイスラーム地区にある有名な市場であるハンハリーリに行くのに、いかにも観光客然として英語で「ハンハリーリ、プリーズ」といったら、それはボラれて当然です。ハンハリーリに面してフセイン・モスクという庶民に人気のあるモスクがあるのですが、そこを目的地として、たとえば「サイドナー・フセイン、インシャアッラー」（我らが長フセイン様の許へ）といえば、まずボラれません。

気前の良さこそ美徳

エジプトもそうですが、イスラーム世界に暮らして感じる、もう一つのイスラーム的な徳だと思われることに、気前の良さ（カラーマ）があります。自分がお金がなくても、自分より貧しい人がいると条件反射的に、お金を与える。カイロには路上の物乞いがたくさんいますが、見ていると、通りすがりの人が、ごく当たり前のようにお金をあげていきます。それはほとんど身体化された自動反応です。われわれだと、お金をあげようと思っても、どこかで偽善的ではないかとか意識してしまって、なかなか自然にはできませんが、彼らはほとんど無意識にそれができる。

　これは貧富や育ちにかかわらず、エジプトのあらゆる階層の人びとに共通している特質です。いわば文明の力なのだと思います。

　私の暮らしていたアパートにバクリーという住み込みの門番（バワーブ）がいました。バワーブはカイロの街の風物詩のような存在で、たいていどこの建物にもいます。一人で暮らしているバワーブもいれば、家族で暮らしていたり、親戚なのか、よくわからない人がいっしょに暮らしていることもある。バクリーは建物の入り口の土間のようなところに暮らしていたのですが、しょっちゅう、お金をくれとか、時計をくれとか、ラジカセをくれとか、いろんなものをせびってきました。カイロにやってきてまもない頃は、彼にお金をあげると「あなたはいい人だ」といわれるので私も喜んでいました。日本では面と向かって、「あなたはいい人だ」といわれることは、あまりありませんからね。

　あるときラジカセがほしいというので、中古のラジカセを渡すと、やはり「あなたはいい人だ」といわれました。でも、どうもバクリーがそのラジカセを使っている様子がない。どうやら、私からなにかもらうと、売って金に替えていたんです。金や物をくれるから「いい人」だったんですね。

でも、あるとき、そんなバクリーに金をくれといわれて、「いまないんだ」というと「大丈夫か」と心配されて、逆に金をくれようとしたことがありました。持っている者が、持っていない者に与えるというのは、そのくらい当たり前のことなんです。そういうところは、かないません。

街中で食事をしている人と目が合ったり、あいさつを交わしたりすると、かならずといっていいほど「ここへ来て、いっしょに食べろ」と勧められます。これも儀礼的にそうしているというより、身にしみついた自動反応といっていいでしょう。エジプトを旅行したことのある人なら多くの人が経験していることだと思います。

こういうもてなしの文化は、中東世界には宗教にかかわらず、どこにでも見られます。人が来たら泊めて、食事を出してもてなす。お金がない人には施しをする。困っている人がいれば、みなで助け合う。砂漠の多いこの風土では昔から、そういう文化があり、それがイスラームによって強化されてきたのでしょう。砂漠では分け与えるのが当たり前です。生きていくために、それは当然のことなんです。

『アラビアのロレンス』という映画がありますが、あの中でほかの部族の水場を使った男が、問答無用で撃ち殺される場面があります。しかし、そんなことはありえません。砂漠という過酷な環境の中で生きていくためにはシェアし、もてなすというのは基本です。それは、別の言い方でいうならば、「持っているものは、みな回してしまえ」ということになります。

食べ物はとっておいたら腐ってしまいます。食べ切れないものがあったら、人に分ける。食べ物以外のものであっても、余っていたら回してしまう。それがイスラーム世界です。

あるものは、どんどん回せ！

イスラーム法には利子の禁止という規定があります。利子とは、お金を貯め込んでおくと利息が発生して資産が増えるという仕組みです。お金のある人は銀行に資産を預けて、利子を受けとる。いまではそれはすっかり当たり前のこととされています。しかし、預けるというのは、余剰分のお金を滞納させていることと同じです。持てる者が余っている物を貯め込んでしまったら、物やお金の流れが滞り、持たざる者や食べられない者は困ります。貯めるというのは、イスラーム的ではありません。

日本では貯蓄は善いこととされ、老後に備えて貯金する、子孫に財産を残すことが美徳とされてきました。人生の目的や価値は、あたかもどれだけ稼いだかで計られがちだといっても過言ではありません。

しかし、人の命は永遠ではありません。どんなにたくさん稼いで、どんなにたくさん貯金したとしても、人間は明日死ぬかもしれないのです。「ハディース」には「あなたにとって本当の自分の財産とは使ってしまったものだけだ。残して持っているものは、やがて相続人のものになるだけなのだから」という言葉があります。たとえ、多額のお金を遺したとしても、遺産相続をめぐる争いは日常茶飯事です。相続人がいなければすべて国家が取り上げてしまいます。

人生では、いつなにが起きるかわかりません。目先の欲にかられて、生きていられるかどうかわからぬ将来のために使い切れないほどのお金を貯め込むよりも、どんどん回すほうが世の中のためにもなります。いま自分が持っているお金を、いかに活用するか、それでなにをするか。いつ訪れるかわからない死をつねに意識した上で、いかに「今」を充実させるためにお金を使うか。それがイスラームのお金に対する考え方です。

ですから、イスラームには、貯蓄とか銀行という発想がもともとありません。お金を滞納させると利益が生まれるという仕組みは、「あるものは、どんどん回せ」というイスラーム的発想からすると言語道断です。滞納させるくらいなら、喜捨をするか、人に貸せばいい。もちろん貸す場合は利息を取らない無償貸与です。投資もかまいません。投資にはリスクが伴います。損した場合には、そのリスクを当人が負います。しかし、利子はたんに流れをせき止めているだけです。イスラームは利子を禁じることによってお金の流動性を高めているのです。

投資に失敗したりして、借金を返せなくなってしまった場合は、どうなるのか。イスラーム法では、返せない場合は、借金は返さなくてもいいことになっています。強制取り立てはできません。強制的に取り立てることもできず、といって利息が利息を生んで返すのが遅くなるほど儲かる、ということもありません。であれば、いっそあげてしまったほうがいい。

そういうと、貸したほうは貸し損になってしまうのではないかというと、そんなことはないんです。イスラームでは借金をチャラにしてしまうと、死後、天国での位階があがるとされています。借金を棒引きにするのは、イスラームの義務の一つとなっている喜捨をすることと同じなんです。またイスラームの浄財の使い道の一つに借金の肩代わりがあります。つまり、借金で首がまわらなくなった者は、貸した人間が債権を放棄してくれなくても、浄財を集めた国庫に申請をすれば、借金を返すお金を回してもらうことができるのです。

嘘だらけのイスラーム金融

イスラームにおける利子の禁止については最近知られるようになってきましたが、誤解も多く見られます。とくにイスラーム金融といって、利子を取らないと称するイスラーム銀行が一時期、脚光を浴びたりしていました。しかし、じつはいわゆるイスラーム金融、あるいはイスラーム銀行と呼ばれているものの実態は、きわめて非イスラーム的です。

第一に、本来イスラームでは、不換紙幣というものを認めません。われわれは一万円とか百ドルと印刷された紙幣をふだん当たり前のようにやりとりしています。でも、なぜ一万円札に価値があるのか。それは国家がこの紙には価値があると勝手に決めて、人びとに押しつけたからです。

でも、実際にはお札はただの紙にすぎません。国家が決めた約束事の上でただの紙に価値が生じているだけのことです。紙幣は国家の方針でいくらでも印刷することができるし、国家が傾いたり、崩壊したりすれば、それは本当にただの紙切れになります。

イスラームでは本来、正貨とは金貨や銀貨のことです。金は総量が決まっており、その希少性ゆえに価値尺度としての安定性は抜群です。価値のない紙切れに、国家が力ずくで通貨としての価値を与えること自体が反イスラーム的なんです。

ただし正貨が金銀であっても、金属は重くて持ち運びが大変なので、金銀の代わりに為替を決済に用いることは許されます。ヨーロッパ語のチェック（小切手）の語源はアラビア語のスィッカであり、イスラームでは、正貨である金銀の代わりに小切手で決済を行う信用取引が発達していました。だから金銀との交換が可能な小切手の一種である兌換《だかん》紙幣はイスラームでも認められています。許されないのは、金銀の裏付けのないただの紙切れにすぎない不換紙幣です。

マレーシアでは、紙幣に金貨をはめこんでパウチした物を使っている州があります。これだと、たとえ通貨が暴落したとしても、金の価値があるので、その影響を受けません。しかし、連邦政府が禁止しているので公には使えないのですが。

イスラーム金融が非イスラーム的である第二の理由は、利子を取っていないといいつつ、実質的には利子にあたるものをとっていることです。たとえば、時価百万円の車を買うのに、買主が年利五〇％で一年後に百五十万円払うという契約で銀行から百万円を借りて、その金で買主から車を買えば利子の禁止に抵触してハラームです。ところが、これをイスラーム銀行と称する会社が車を売主から百万円で買い上げ、それを代金一年後の後払いの百五十万円で買主に売れば、お金の流れとしては、年利五〇%の利息で金を借りて買ったのとまったく同じであるにもかかわらず、ハラールな合法的な取引になるというのです。

こうして見かけ上、利子を回避する脱法行為は、古典イスラーム法学にも多くの実例があげられています。イスラーム法の精神に反する脱法行為で粉飾したいわゆる「イスラーム銀行」は、法の抜け道探しを金融工学と称してリーマンショックを引き起こした投資会社と同じで、イスラームの名を騙《かた》った詐欺の類だと私は思っています。

イスラーム銀行には、不換紙幣による取引、利子つき貸し出しによる信用創造を行う中央銀行との関係、イスラーム法の認めない法人であることなど、より根本的な問題があるのですが、これらは専門的な議論が必要なので、ここでは問題の所在を指摘するだけにとどめておきましょう。

第4章

サラフィーとスーフィーと

家庭教師はイスラーム主義者

カイロ大学に留学したのは博士論文を執筆するためでした。私が専門としていたのはイブン・タイミーヤ（一二六三―一三二八）というシリア生まれのイスラーム法学者です。

イブン・タイミーヤは今日の、サラフィー・ジハード主義の創始者とされる学者です。サラフィー主義とは『クルアーン』と「ハディース」に基づいた初期イスラームの時代への回帰を旨とする立場で、あとで述べるスーフィズムに由来する聖者崇拝や、聖廟《せいびょう》への参詣を激しく批判します。ジハードとはムスリムの義務とされている行為の一つで、イスラームを脅かそうとする異教徒に対する戦いという位置づけで使われてきました。

しかし、イブン・タイミーヤは、ムスリムを名乗っているにもかかわらずシャリーア（イスラーム法）に背くような統治を行っている為政者に対してもジハードが成り立つという「革命のジハード論」を唱えました。これがジハード団やアルカイダなど現代のスンナ派のイスラーム武装勢力の思想、サラフィー・ジハード主義と結びついて

カイロ大学留学時代の著者。自室にて文献をひもとく。

いったのです。

論文を書くにあたって、アラビア語のイスラーム学の本を買いまくりました。私がカイロに住んでいたのは一九八六年から九二年までの六年間ですが、その間に最終的に十トン分くらい本を買ったと思います。本を買うためによく通ったダール・サラームという書店がアズハル地区にありました。出版社もかねていて、サラフィー系の本をたくさん出していました。そこで知り合ったのが、この出版社で古典イスラーム学の本の校訂をしていたムハンマド君です。

ムハンマド君は私と同世代の、物静かな若者でした。彼はサラフィー・ジハード主義の立場に立つイスラーム主義者でした。エジプトではムバラク政権によるイスラーム主義者への弾圧が強まっていたときで、ムハンマド君もいつ捕まるかわからないという状態にありました。その後、勤務していた書店での校訂の仕事がなくなって無職になっていた彼に、私は論文執筆にあたっての家庭教師を頼んだのでした。

ムハンマド君は当時居場所を転々と変えていました。友人の家を泊まり歩いて逮捕されないようにしていたのです。そして週に二、三回ふらりとうちにやってきて、私の論文の添削や清書をしたり、いっしょにテキストを読んだり、革命のジハード論の地下出版物を見せてもらったりという付き合いをしていました。泊まっていくこともありました。彼にとって、私の部屋はアジトの一つのようなものでした。

サラフィー・ジハード主義者というと、狂信的で暴力的な人間というイメージがあるかもしれませんが、そうではありません。軍事部門の人間については付き合いがなかったので、よく知りませんが、ムハンマド君のような「ダウワ（布教啓蒙）」部門の人たちはまったくそういうタイプではありません。まじめで、欲がなく、誠実でした。お金には困っていたのに、論文の添削のあと、わずかな報酬を渡そうとしても、なかなか受けとってもらえませんでした。受けとるときは、とても恥ずかしそうにしていました。私の知るサラフィー・ジハード主義者たちはみなそういう人たちでした。ごくふつうのエジプト人、いやふつうのエジプト人よりも、礼儀正しく、正直で、教養もあり、信頼に足る人たちでした。

サラフィーたちはみな貧しいので、友だち同士でよく助け合っていました。友だちがコシャリ（パスタと米と豆にトマトソースをかけたエジプト庶民の定食）の店をはじめるというと、それをみなで無償で手伝っていました。ムハンマド君も困っている友だちのために寄付を集めてまわったり、商売をはじめた友だちを手伝ったりと、いつも走り回っていて、私の部屋に泊まるときには寝床に入るやいなや死んだように眠ってしまうことがよくありました。

うちの目の前にはモスクがあって、夜明け前にはスピーカーからアザーン（礼拝の呼びかけ）が大音量で流れてきます。耳を聾《ろう》するような大きな音なのですが、それでも彼は目を覚まさず熟睡していました。「礼拝の時刻には起こしてくれ」といわれていたのですが、ぐっすり眠る彼を起こすにしのびなく、私は一人でモスクに出かけて、礼拝をすませていました。あとで目を覚ました彼にはいつも「どうして起こしてくれなかったんだ」と文句をいわれました。

いつも東奔西走して疲れきっている彼に、あるとき私はいいました。

「警察に捕まってしまったほうが、きみのためだよ。やっかいな問題すべてから解放されるし、食べる心配もなくなるしね。監獄でゆっくりイスラームの本でも読みながら暮らしたほうがずっと気楽だろう」

ムハンマド君は笑いながらいいました。

「それでも自由はやっぱりいいものだよ」

仕事が一段落すると、彼が食事を作ってくれました。そのとき家にあったもの、たとえばトマトやジャガイモ、卵やスパゲティといった食材を用いて、シンプルな料理をささっと作ってくれるのですが、それがとてもおいしい。一方、私が作った日本食はまずいといって手をつけようとしませんでした。食後はお茶を飲みながら雑談しました。議論はあまりせず、いまトマトはいくらだとか、なんでもない日常的な四方山《よもやま》話です。ムハンマド君は冗談もよくいったし、よく笑っていました。

敵は黒魔術！

ジハードは基本的にはイスラームを侵害しようとする異教徒との戦いです。それはムスリムの為政者によって治められている国の内部で起きることはありえないはずでした。しかし、近代のジハード主義者たちは、イスラーム法に従っていない為政者は背教者であり、それは異教徒より悪いとして打倒の対象としました。ジハード団がサダト大統領を暗殺したり、当時のムバラク政権に対して武装闘争を行ったりしたのも、そうした理由によります。

しかし、サラフィー・ジハード主義者は、ジハード主義者である以前にサラフィー主義者であり、サラフィー主義者の主要な関心はじつは政治以外のところにあります。意外に思われるかもしれませんが、黒魔術や聖者崇拝、悪魔やジン（精霊）といったイスラーム世界に広く見られる民間信仰との戦いです。

あるとき、ムハンマド君がこんな話をしてくれました。彼が病院に行った帰り「すみません、あなたは宗教者ですか」と呼び止められたといいます。その人は精神科医で、話を聞いてみると「私のところの看護師の様子がおかしいんです。精神病ならわかるのですが、どうもそうではないようで、どうやら悪霊が憑《つ》いているらしいんです。ついては除霊をお願いできないでしょうか」といわれたそうです。ムハンマド君は除霊などした経験はなかったのですが、「ハディース」には預言者ムハンマドが悪霊を祓ったという記述があり、そのやり方も書いてあります。それを知っていたムハンマド君は、その精神科医に連れられて看護師のところへ行きました。

着いてみると、看護師はたしかに尋常ならない様子で、男のような奇声を上げて悪態をついていたといいます。ムハンマド君は除霊に効くという『クルアーン』の一節を朗唱して、悪霊を追い払いたまえとアッラーに祈りを捧げました。すると、看護師は悶《もだ》え苦しみ、叫び声を上げ、やがてぐったりとなりました。しばらくして目を覚ますと、看護師は正気に戻っていたといいます。

正気に返った看護師が語ったところによると、彼女は週になんどかキリスト教徒の経営する病院に通っていたそうなのですが、そこでキリスト教徒の医者に言い寄られたといいます。それを拒絶したら、その医師に呪いをかけられて、意識を失ってしまったということでした。

ムハンマド君との会話の中で、こうした黒魔術への批判が出ることは珍しくありませんでした。悪魔にしてもジンにしても、それは天使とともに実在するものとして『クルアーン』に記されています。黒魔術は悪魔やジンの力によって行うものであり、根拠のない迷信ではありません。

じつのところ、サラフィー主義者は基本的には政治的なことへの関心はあまりありません。サラフィーの中でも反イスラーム的な為政者を倒そうとするサラフィー・ジハード主義者は政治意識が強いものの、ほとんどのサラフィー主義者にとっては、そのもっとも大きな関心はイスラームを冒瀆《ぼうとく》する黒魔術を使う者たちを滅ぼすことにあります。これは外国メディアではほとんどニュースにならないので、そんなバカなと思われるかもしれませんが、イスラーム世界全体に見られる現象です。とくにシリアは黒魔術の盛んな国です。サラフィー主義者たちは、ムスリム世界の「脱魔術化」のために黒魔術師たちと戦っているのです。

国内の反イスラーム的な政権や、外国の政権と戦うには、国際情勢の知識や外国語の知識なども必要です。しかし、サラフィー主義者の中にはアラビア語の読み書きさえ満足にできないという人も多い。それよりアッラーをさしおいて、ジンや悪魔の力を借りて呪いをかけたり、願をかけたりすることこそ、イスラームにとっての敵対行為であるというのが、じつは庶民レベルにおける彼らのもっとも大きな問題意識なんです。つまり、①黒魔術・聖者崇拝、②シーア派、③外国勢力というのが、現実的な彼らの攻撃対象の優先順位です。このような現象は外から見ているだけだと、なかなかわからないと思います。

いまのイスラーム国にしても、人質に対する残虐行為にどうしても目が行きますが、一方で多くの構成員たちが行っているのはシリアの庶民の間に蔓延している黒魔術つぶしです。いまやシリアではエジプト以上に黒魔術が日常的になっています。それと戦うというのが彼らの日常的な活動の現実でもあるんです。

助け合うサラフィー

ムハンマド君の話に戻りますが、あるときこんなことがありました。彼らサラフィーの同胞のもとに、一人の女性が助けを求めに来ました。亭主がこっそり売春宿を経営していて、妻である自分にまで客を取らせようとするという。サラフィーの仲間たちは女性を保護して、亭主を訴える訴訟を起こしました。しかし、裁判はなかなか進まず、いつまでたっても埒が明かない。

そこでサラフィーたちは、地元の警察に、離婚に応じなければ姦通と背教の罪で亭主を処刑すると宣告しました。これを聞いて警察はあわてて、亭主の男に離婚に同意するように迫り、離婚が成立。離婚した女性の面倒は、サラフィーの仲間たちで見ることになり、彼女は更生してイスラームにのっとった生活を送るようになったということです。

この話は、あてにならない裁判所のような公権力に代わって、サラフィーが社会の風紀や道徳を守るのに一役買っていることを示している例といえます。当時、サラフィー主義者は弾圧されていて、いわゆる原理主義者狩りが行われている一方で、現場の警察の中には彼らの社会的役割を評価している者もいたのです。だから、彼らに対して同情的で、弾圧にもおざなりにしか取り組んでいませんでした。

先ほどもいったように、サラフィー主義者たちは助け合って生きています。だれがサラフィーかということは家族もご近所も門番もみんな知っています。みなが思想を共有しているわけではないし、家族によっては距離をとろうとする者もいます。それでも、こうした例に見られるように、サラフィーだからといってすぐに密告されて、逮捕されるというわけでもない。

「私のような外国人のところへ出入りして大丈夫なのかい?」とムハンマド君に尋ね

たことがあります。

彼は「心配ないさ。警察はただお役所仕事として命じられたことをしているだけさ。ぼくの実家のある地区を担当している警官以外は、だれもぼくのことに興味なんかないから」というのでした。

エジプトの警察は怖いというイメージがありましたが、決定権のある人間は上のほうのごく一部です。膨大な数がいるので統制もとれていない。成り行きまかせで、ノリで動いているという意味では警察も基本的には「ボクラ、インシャーアッラー」（今ではないが、神が望めばいつかは）の世界なんです。

逮捕、釈放、また逮捕

サラフィー主義者は、とくに男女交際にはうるさい人たちです。親戚以外の女性とはほとんど口をききません。異性の顔を見ることすら避けようとします。ムハンマド君もそうでした。ムハンマド君がいるとき、たまたま私のアパートに日本人の友人夫妻が遊びに来たときなど、彼はすっと立ち上がって、別の部屋に入ってしまったものです。そして、私が彼らと話をしている間はけっして出てきません。そんなムハンマド君でしたから、もちろん女性と付き合ったこともありません。

そんな彼があるとき見合いをしました。相手はサラフィー仲間の妹です。エジプトでは結婚するにあたっては、夫が新居を用意しなくてはなりません。お金がある家庭では親がアパートを用意してくれるのですが、彼の家は貧しいので、自分でお金を工面して千五百ポンド（日本円で当時四十五万円ほど）の小さな新居を用意しました。半額が頭金で、残りをローンで払う契約です。

その数ヵ月後、彼の妹さんが結婚することになりました。一九九一年の夏の暑いさなかで、花嫁の家では、祝宴が開かれる予定でした。しかし家族や親類が祝宴の準備をしていると、そこにムハンマド君が逮捕されたという知らせが届きました。喜びに満ちるはずだった場は一転して愁嘆場に変わり、女性たちの泣く声が花嫁の家を包みました。罪状は不明で、逮捕状もありません。裁判も行われないまま彼は牢獄に収容されました。数年後、欠席裁判で彼は七年の刑をいいわたされました。

それから七年がたち、刑期は満了しましたが、弁護士も家族も面会を許されず、彼はそのまま獄中に留め置かれました。奥さんと小さな息子は、いつになるかわからぬ彼の釈放をずっと待ちつづけていました。

ムハンマド君が自由になったのは、それからずっとあとの二〇一一年、「アラブの春」

のときでした。民衆が立ち上がってムバラク大統領を政権から引きずり下ろした、あのエジプト革命のとき、多くの政治犯とともに彼も釈放されたのです。

私はそのあと本当に久しぶりにムハンマド君に再会しました。そして私の書いた『カリフ制再興』という本のアラビア語訳を彼に出版してもらいました。私が家庭教師を頼んでいた頃の彼は、ジハード主義者ではあったのですが、カリフ制再興など一言も口にしていませんでした。けれども、時代が変わってイスラーム世界の広い範囲でカリフ制の復興ということがいわれるようになっていました。自由になったムハンマド君もその動きに影響されて、タハリール広場でカリフ制について演説していました。

その後、風の噂にムハンマド君はリビアに渡り、それからエジプトに戻ってシナイ半島で捕まったと聞きました。家族とも連絡がとれません。おそらく、もう出てこられないかもしれません。

ラマダーンの夜のスーフィー

ムハンマド君に手伝ってもらって博士論文の執筆を進める一方、あるラマダーンの夜にイスラーム地区を訪れたことがあります。ラマダーンとはイスラーム暦における月の名前です。この月は、ムスリムは夜が白み始める前から日の入りまでいっさいの飲食を断つことが求められます。タバコもいけません。つばを飲み込むことさえしない人もいます。断食月と説明されることが多いですが、飲食だけでなく性行為も断つことが義務づけられているのです。ただし、旅行中だったり、子供や妊産婦などは除外されます。

日中は空腹をがまんしながら、日が暮れたら何を食べようかということでみな頭がいっぱいになっています。夕方になると、みな家に帰って断食が明けるのを待ち、街中から人気がなくなります。いよいよ日が沈むと断食は解除され、通りには日没後の最初の食事であるイフタールが無償で用意され、だれでも食べることができます。

カイロのラマダーンの夜はいつも以上に街が活気づき、広場では見世物がくりひろげられ、人びとは飲んだり食べたりして夜明けまで起きています。食べ物の消費量もいつもの月より増えます。敬虔な人たちは、『クルアーン』を全巻読んだり、貧しい人たちへの布施をしたり、イスラームで奨励されていることを、ふだん以上に熱心に行います。

その夜は、イスラーム地区にあるフセイン・モスク広場前に色とりどりの天幕が張られていました。天幕の中ではアッラーの名前を唱えながら体を前後にふるズィクルが行われていました。スーフィーのリファーイー教団の集会でした。

スーフィーとは、日本では一般にイスラーム神秘主義と呼ばれることが多いのですが、もともとは九世紀から十世紀頃、イスラーム法の定める規範に従った日常生活に飽き足らず、神に身も心も捧げる生き方を追求した修道者たちの運動です。ちなみにスーフィーの修行者のことをダルヴィーシュともいいます。メジャーリーグのダルビッシュ有投手の名前もそこから来ています。

ズィクルというと、有名なのはトルコのメヴレヴィー教団のセマー（旋回舞踏）かもしれません。白いスカートをはいて、音楽に合わせてくるくる回り続けて神に近づくという行法で、見ていてなかなか美しいものです。もっともトルコでは二十世紀初頭のムスタファ・ケマルによる欧化政策でスーフィー教団は解散させられ、現在行われているのは観光客向けのショーとしてのズィクルです。カイロでもこの形式の旋回舞踏のショーをイスラーム地区で見られます。ズィクルにはほかにもいろんなやり方があり、リファーイー教団のような単純なもののほうが多く見られます。

リファーイー教団は十二世紀のイラク生まれのアフマド・アル・リファーイーを祖とするスーフィー教団で、カイロには彼の名を冠したモスクもあります。エジプトもスーフィズムは盛んで、多くのスーフィー教団（タリーカ）があるのですが、リファーイーはその中でも大きな教団です。

しかし、スーフィズムは、ムハンマド君のようなサラフィー主義者、ジハード主義者からはしばしば批判の対象にされてきました。ジハード主義の理論的支柱となっている法学者のイブン・タイミーヤも、スーフィーが犯している誤りについては激しく批判しています。ただし、イブン・タイミーヤ自身はイスラーム法を重視するカーディリー教団に属するスーフィーで、スーフィズムそのものを否定してはいません。

リファーイーのタリーカの天幕でたまたま隣り合わせた教団員に、カイロでナクシュバンディーというスーフィー教団の集会を主宰しているオランダ人のシェイク（師匠）がいると聞きました。ナクシュバンディーはもともと中央アジアのブハラから出てきた有名なスーフィー教団です。スーフィズムは、私が専門としていたサラフィー主義とは対照的な立場にあります。サラフィー主義は、キリスト教でいえば、いわばプロテスタントに近い。『クルアーン』と「ハディース」というイスラームの原点に帰れというのがその主張で、サウディアラビアのワッハーブ派がもっとも代表的です。

私はイブン・タイミーヤのスーフィー批判についても学んでいたのですが、一方で、スーフィズムは原理的には正しいとも感じていました。あとでふれますが、スーフィズム的な部分をすべて否定してしまうと、イスラーム全体が成り立たなくなるんです。これまでスーフィズム批判の側からの研究をしてきたのですが、批判されている側についても研究するのが学問だと私は思います。それでカイロのナクシュバンディーの会合に参加するようになりました。

ナクシュバンディー教団のオランダ人シェイフ

スーフィー教団というと、会員登録をして、明確な階層構造がある組織のようなものをイメージされるかもしれませんが、そういうことはありません。ナクシュバンディーという名前を冠した教団は無数にあります。同じ名祖につながっていて、教義や修行の方法にある程度の共通性はありますが、互いの間に組織的関係はありません。初めに、イスラームには「組織」がないと申し上げましたが、スーフィー教団もそうだし、アルカイダとかムスリム同胞団などイスラーム主義のグループもそうです。それがイスラームの特徴です。スーフィー教団の場合、その特徴があるとすれば「師」と「弟子」との一対一の関係を重視している点です。その一対一の関係をベースにネットワークが広がっている。メンバーもつねに流動的です。

ラマダンの夜、モスク前の広場に張られたリファーイー教団の天幕。中では教団員たちが集会を行っていた。

カイロのナクシュバンディー教団をとりまとめているオランダ人アブドゥルハイイ師は、ふだんはカイロの大学で英文学を教えている教授でした。彼の師は二〇一四年に亡くなったナーズィム師というトルコ系キプロス人の高名なスーフィーです。シリア、レバノン、そしてヨーロッパにも多くの弟子がいました。ナクシュバンディー教団そのものは、いまでは中央アジア、トルコ、パキスタン、インドネシア、マレーシアなどにまで広がっています。

アブドゥルハイイ師は毎週木曜日にズィクルの会を主宰していました。彼の瀟洒《しょうしゃ》なマンションで開かれる会には十数人が集まり、多くはドイツ人やイタリア人などのヨーロッパ人ムスリムでした。日没の礼拝のあと、明かりを落とした広間に輪になってすわってズィクルを行います。アッラーの名前をくり返し唱えながら、テンポをあげていきます。本来ナクシュバンディー教団のズィクルは「沈黙のズィクル」ですが、ナーズィム師は初心者向けに声を出してズィクルをするように指導していたのです。とはいえ、イスラーム地区で見た前後に体を揺らすだけのズィクルとはずいぶんちがっていました。

アブドゥルハイイ師は物静かな人でした。オランダ人の彼がスーフィーになったのは偶然の出会いによるものだったといいます。ベトナム反戦運動が高まりを見せていた頃、彼も反戦運動に参加し、その流れで東洋思想に興味を持ったといいます。仏教にはじまって、神秘主義や神智学など、あらゆる秘教的なものを学び、インドで半年グル（導師）についていたこともあったそうです。そうした遍歴を重ねた末に、シリアで友人を介してナーズィム師に出会ったのでした。会ったとたんに、彼は「この人しかいない」と思ったそうです。

湾岸戦争勃発

私はサラフィー・ジハード主義者のムハンマド君と付き合いつつ、スーフィーのナクシュバンディー教団の集まりにも通うようになりました。サラフィー主義とスーフィズムはまったく対極の、敵同士のような関係です。その両方と付き合っているという人は、ほとんどいなかったと思います。

この年、一九九〇年の夏、サダム・フセイン率いるイラク軍がクウェートに侵攻するという事件が起こりました。これがのちの湾岸戦争の引き金となります。一九九一年に起きた湾岸戦争は、アメリカ軍が多数を占める多国籍軍とイラクとの戦いです。これはその十年後に起きた9・11ニューヨーク同時多発テロ、それからさらに十余年たったイスラーム国の台頭へとつながる大きなきっかけとなります。しかし、あの当時、サダム・フセインに向けられた世界の視線は混乱していました。

ヨルダン、パレスチナ、アルジェリア、チュニジアなどアラブの一部の国々はサダム・フセイン支持を表明しました。ムスリム同胞団は彼を「アラブの英雄」「イスラームの英雄」と見なしていたほどです。サダムはイラクの国旗に「神は偉大なり」との章句をくわえ、これは異教徒に対するジハードなのだと宣言しました。

サダムがアラブ諸国の一部から熱烈に支持されたのは、アラブの民衆の中に、反イスラーム的な習慣や価値観を押しつけてきた欧米への反感があったからです。イスラーム世界に対して行われた近代化という名の植民地化は、西洋的な価値観や生活習慣の押しつけであり、分けてもイスラーム的な教育の破壊でした。それによってムスリムとしての尊厳はさんざん傷つけられてきました。彼らの中に長年にわたって鬱積した西洋への怨み、それをサダムが晴らしてくれるのではないかという期待があったのでしょう。

では、サダムは本当にイスラーム的な価値観の回復を目指していたのか。たしかに、サダムはジハードを宣言し、一見イスラームへの回帰を呼びかけたように見えます。しかし、実際の政治的行動はイスラームと無縁であったばかりか、むしろ反イスラーム的といえるものでした。当時彼が率いていたバアス党の政策にはイスラームの護持はまったく含まれていません。一国の為政者であるにもかかわらず、シャリーア（イスラーム法）を取り入れていないというだけでも、彼にとってイスラームがたんなる口実でしかないのは明らかでした。

ただ、それ以上に問題なのは、そうしたサダム・フセインの行動の本質を見ぬけず、彼を英雄視してしまうという事態がイスラーム世界に生じていることでした。それは、とりもなおさず、現代のイスラーム世界の知のレベルの低下にほかなりません。最初に申し上げたように、なにが本当にイスラーム的なのか、ムスリム自身にもわからなくなっている。この状況が二十一世紀の今日までもつづいています。

このサダム・フセインの紛《まが》い物のイラクのイスラーム化は、イラクのバアス党内に、イッザト・イブラーヒームを中心とするイスラーム派と呼ばれる派閥を生むことになりました。このバアス党内のイスラーム派はエスニックなスンナ派を偏重し、シーア派を徹底的に抑圧します。しかし、このときは、このバアス党イスラーム派の残党が後にサラフィー・ジハード主義者たちと合流してイスラーム国を作りカリフ制再興を宣言することになろうなどとは夢にも思いませんでした。

終末の前触れとしての湾岸戦争

湾岸戦争が起きたとき、ムハンマド君のようなジハード主義者と、スーフィーのナクシュバンディー教団とでは、そのとらえ方は対照的でした。

どちらもイスラーム的な観点から見て、湾岸戦争が世界の終末の前触れであるという現状認識は共有していました。ユダヤ教やキリスト教でもそうですが、終末論は一神教に見られる基本的な歴史観です。イスラームでは、人類の歴史は預言者ムハンマドの時代に霊的な意味で頂点を迎え、そのあとは徐々に没落していくと考えます。かつてはだれにでも感じられた聖なるものが感じられなくなり、たくさんいた天使も遠ざかってしまった。これが最後の審判に至るまでつづくとされています。終末が近づくにつれて、信仰が弱まり、社会が混乱し、多くの戦争が起きることは「ハディース」にもたくさん記されています。

ジハード主義者は、そうした没落を認めた上で、なおイスラームの復興を目指そうとします。イスラームの歴史観では、没落そのものは避けられないのですが、一直線に没落するわけではなく、人間の努力によって再興と堕落をくり返しながら、長期的には没落していくと考えられています。その再興のため、ジハード主義者は、イラクのサダム・フセインや、シリアのハーフィズ・アサド、エジプトのホスニ・ムバラクのような反イスラーム的な為政者を倒し、その国家体制をひっくりかえすことこそが使命だと感じていました。

ジハード主義者は、正しいイスラーム社会を実現するには、最終的にはカリフ制度を再興して、カリフがイスラームを守護するような世界を実現しなければならないと考えていました。サラフィー主義者やジハード主義者だけでなく、本来ムスリムにとって、カリフ制はかならず目指すべきものでした。

しかし、湾岸戦争当時、サラフィー主義者の間でさえも、カリフ制再興はまだ現実的なテーマとしてとらえられていませんでした。カリフ制が重要なことはだれもが認めていたものの、その再興のためにはまずジハードによって、堕落したイスラーム国家や、不信仰の為政者を倒さなくてはならないと考えていたのです。ムハンマド君のようなサラフィー・ジハード主義者は、湾岸戦争をきっかけに、サダム・フセインのイラク・バアス党政権をはじめ、反イスラーム的な国家を打倒して、それからカリフによる統治を実現しようと考えていました。

ちなみに、あのとき中東専門家のほとんどはアメリカ軍の参戦に反対していたのですが、私は唯一賛成でした。アメリカを支持していたわけではなく、シリアのアサドと並んで、イスラームに対する弾圧者であるサダム・フセインを倒してほしかったからです。湾岸戦争は結局、多国籍軍の圧勝に終わりましたが、あのときサウディアラビアにアメリカ軍が駐留したことで、オサマ・ビン・ラディンが反米に転じ、そこからアルカイダの活動が活発化するとともに、アメリカの凋落《ちょうらく》が始まります。湾岸戦争があったがゆえに、十年後の9・11につながり、そしてさらに十年後にアラブの春が起き、その混乱の中からイスラーム国が生まれ、彼らによってカリフ制再興が宣言されることになったのです。

「家にこもっていなさい」とスーフィーはいった

一方、ナクシュバンディー教団の人たちは、ややちがうとらえ方をしていました。彼らもまたこの戦争が終末の予兆であるとは見ていましたが、信徒たちが政治にかかわったり、戦いに参加することには賛成していませんでした。

ある日のズィクルの会合のとき、アブドゥルハイイ師は、こういいました。

「争いから遠ざかり、家にこもっていなさい。終末のときには、どんなシェルターも役立たないが、アッラーは象を針の穴に隠すこともできる。いまはどんな形であれ政治活動をすべきではない。正しい指導者をいただかない政治活動は、たとえ動機が善いとしても、目指すところとはかならず逆の結果をもたらすからだ。カリフがいなくなり、マフディーがお生まれになったいま、マフディーこそ、イスラーム世界の真の指導者であられる。それゆえマフディーの許しのないいま、政治活動に手を染めてはいけない」

マフディーとは、世界の終末に現れて、地上に正義をもたらす者とされています。いわば救世主です。このときナーズィム師はマフディーがすでに生まれていると言っていました。結局マフディーは現れなかったようなのですが、ナーズィム師自身ころころ主張を変えるし、よく予言を外していたので、みなたいして気にしていませんでした。

ナクシュバンディー教団はけっしてジハードや政治活動を否定しているわけではありません。ただ、マフディーの決起の告知があるまでは政治にはかかわらず、悔い改め、瞑想に専心せよというのです。

しかし、この点がスーフィーがサラフィー主義者やジハード主義者から批判される点です。ジハードには大ジハードと小ジハードがあるとされます。イスラームでは異教徒や不信仰の徒との戦いは小ジハードで、本当にだいじな大ジハードは自己との戦いであるという言い方があります。しかし、サラフィーは「スーフィーはそんなことをいって真のジハードの価値を貶《おとし》めている、彼らときたらズィクルをして踊っているだけではないか」と批判します。

ズィクルがいけないというのではありません。ズィクルとは「想起する」とか「念ずる」という意味の言葉で、『クルアーン』にも出てきます。アッラーへのズィクルはムスリムにとってひじょうに大切です。ただ、アッラーを讃える場合には、預言者が教えたような形で崇めるというのが基本的な立場です。預言者ムハンマドはスーフィーがしているような体を揺らして行うズィクルをしていなかったではないかという批判もあります。事実、『クルアーン』や「ハディース」のどこにも、いまスーフィーがやっているようなズィクルのやり方について明記されてはいません。だからスーフィーはまちがっている、というのがサラフィーたちの主張です。

スーフィーと聖者崇拝

スーフィズムはイスラーム世界全体に見られますが、一般的には誤解されている面が多いと思います。「イスラーム神秘主義」という日本での紹介のされ方もあるのでしょうが、仏教でいえば、密教のような世俗を離れた特別なものだと思っている人もいるかと思います。

しかし、イスラームでは聖と俗を明確に分けません。キリスト教の修道院のように、世俗を断ち切った別の世界を作るという発想そのものがイスラームにはありません。その意味ではふつうのムスリムとスーフィーとの間にもたいしたちがいはないといえます。あるとすれば、どこかの教団に属して、ズィクルをすることとくらいでしょう。

といっても中世にはスーフィー教団は全イスラーム圏をおおっていましたから、スーフィーでない人はいなかったというくらい当たり前の存在でした。いまでも田舎に行くと、みなスーフィーだといわれるくらいです。彼らは聖者の墓を拝んだり、護符を身につけていたりする。そういう迷信深い輩《やから》は、みなスーフィーだというわけです。

スーフィズムはしばしば聖者崇拝と結びつきます。スーフィーの中には、奇跡を行ったり、病気を治したり、神の言葉を伝えたりする者もいます。そうしたスーフィーは聖者として尊崇を集め、死んでからもその墓には特別な力があると信じられ、人びとが願掛けにやってくるようになるのです。エジプトでも聖者廟に詣でて、子宝祈願、病気平癒祈願、試験合格祈願など、現世利益を求めて願掛けをする人びとはあとを絶ちません。

このような聖者崇拝は、いまもイスラーム世界全土に広く見られます。田舎でも、都会でも聖者の墓はたくさん見られ、聖者の墓の上にモスクが建てられていることも少なくありません。

聖者そのものをイスラームは否定しません。『クルアーン』にも聖者は「ワリー」という言葉で登場し、その存在は認められています。聖者はもちろん預言者ではありませんが、個人的にアッラーの言葉を聞いたり、アッラーの力によって病気を治したりします。そのこと自体はありうることなので否定されることではありません。にもかかわらず、聖者崇拝はサラフィー主義者からずっと攻撃の対象になってきました。

なぜサラフィー主義者はスーフィーを批判するのか

サラフィー主義は、すでに述べたように『クルアーン』と「ハディース」という原典をできるかぎり字義どおりに解釈し、それを絶対の真理として受けとめ、世界観や行動の規範にするというものです。しかし、それはたんなる伝統回帰ではありません。

サイイダ・ゼイナブ・モスク内の廟（カイロ）。サイイダ・ゼイナブは病気治しの聖者として尊崇を集めている。だがその生涯には不明な点も多く、シリアのダマスカスで亡くなったという説もあれば、カイロで亡くなったとする説もある。このためカイロの他に、ダマスカス郊外にもサイイダ・ゼイナブ廟がある。

むしろ、もっときちんと本を読もう、『クルアーン』と「ハディース」はだれにでもわかるように書かれているので、一人ひとりが、しっかりとテキストを読めばそこにすべての答えがあると彼らは考えます。その意味では知的な文献学的運動といえます。

これに対して、スーフィズムの特徴は、それが師（シェイク）を頂点とした権威的なヒエラルキーである点です。テキストに依拠して各自が考えるのではなく、解釈も師の権威に従う。師匠のいうことは絶対です。ジハードをしないことにくわえて、その点もサラフィーがスーフィズムを批判する要因の一つです。すべての人はアッラーの前に平等であり、アッラー以外には権威はありえない、というイスラームの基本的精神からすれば、それは正しくないというわけです。

聖者が神からの霊示を受けることがないとはいえません。ただし、それは預言者によって伝えられムスリム全員に対して課される啓示（ワフユ）ではなく、個人的な霊感（イルハーム）です。ですから、たとえば「一日五回の礼拝の他に、おまえは夜一時間礼拝に立ちなさい」という天の声を聞いた聖者が、それを個人的に実践するのはかまいません。むしろ、礼拝を増やすのはいいことです。

でも、それを自分の弟子たちにも「夜に一時間礼拝しなさい。新しくそれがイスラームの義務となった、とアッラーがおっしゃっている」といいだすならば、それは預言者を僭称《せんしょう》したことになり、背教者とみなされます。

スーフィズムは奇跡にまつわる伝説に事欠きません。イスラームは奇跡を否定しませんが、奇跡を起こしたからといって、その人が『クルアーン』に記されている真のワリー（聖者）かどうかを知る決め手にはなりません。イスラームは悪魔やジン（精霊）の存在も認めており、その力によって奇跡が起きる場合もあります。聖者は原理的にはありうるが、現実にはほとんどが偽物である。ましてその墓に現世利益の願掛けをすることは、正しいイスラームの崩壊につながる。だから破壊する、というのがサラフィーの立場です。

私の家庭教師であったジハーディストのムハンマド君も、ことあるごとにスーフィーの偽聖者たちがイスラームを滅ぼすために、いかなる策謀を弄してきたかについて、とうとうと語ったものでした。

イスラームにパワースポットはない？

アルカイダやイスラーム国は聖者廟の破壊活動を盛んに行っています。二〇一四年の七月にはイスラーム国がイラクのモスル近郊にある預言者ヨナの墓と伝えられる建物を破壊しました。ヨナは旧約聖書にも『クルアーン』にも登場する聖人です。そうした墓ですら、彼らは認めません。

「ハディース」には「墓を造るな」というものもあります。土を盛るとか、その場所がわかるようにしるしを建てるべきではないというのです。「墓地の上を踏むな」という「ハディース」もあるので、おおざっぱに、このあたりは遺体が埋められている墓地なのだということがわかっていればいい。イスラームでは崇拝する対象はアッラーだけです。預言者ムハンマドでさえも崇拝の対象にしてはならないとされています。だから預言者の埋葬地ですら麗々しい廟など建ててはいけない。まして、いかがわしいスーフィーのために建てられた廟に願掛けをしたり、供物を供えたりするなどもってのほかです。

といっても、墓を詣でることがいけないのではありません。墓参りはむしろ推奨されています。故人を偲び、人間は死ぬものであると思い出すことはいい。ただ、そこで祈ると願いがかなえられるとか、そこに埋められている聖者に頼むと、なにかしてもらえるとか、あるいは、その場所に特別な力があるといった発想がまちがいなんです。サラフィー的には、いわゆるパワースポットはないんです。

ただし、三ヵ所だけ例外があります。エルサレムのアル゠アクサー・モスクと、ムハンマドの墓があるメディナの預言者モスク、メッカの聖モスクだけは、そこで礼拝すると来世での報償が、ほかで礼拝するより大きいとされています。エルサレムが五十倍(五百倍という説などもある)、メディナが一千倍、メッカが十万倍ということになっています。それ以外は、どのモスクで礼拝しようが、砂漠の真ん中で礼拝しようが来世での報償は変わりません。

一方で、聖者崇拝がなくならないのにも理由があります。『クルアーン』には殉教者は天国で生きていると書かれています(2章154節)。殉教者ですら生きているのなら、預言者ムハンマドだって生きているはずだ。聖者だって殉教者よりはえらいので、きっと墓の中で生きているだろう。そういう神学の議論があります。

あらゆる願いを聞き届けてくれるのはアッラーだけだけれど、アッラーに直接頼むのは敷き居が高い。そこで聖者に執りなしてもらって、アッラーに願いを伝えてもらおうということになる。これはキリスト教の聖人崇拝に似ています。カトリックでは聖人や聖遺物には奇跡を起こす力があると考えられ、その聖人を教会が公認していますす。これはほとんど多神教といっていい考え方です。

イスラームは聖者の存在は認めていますが、その人が本物の聖者かどうかを判断できるのはアッラーだけです。願いを聞き届けてくれるのもアッラーだけなので、それならば、聖者になど頼まずに、アッラーに直接お願いしなさい、というのがサラフィーの考え方です。

このような聖者崇拝、黒魔術、呪術などとの戦い、いわば脱魔術化というのはサウディアラビアのワッハーブ派もそうなんですが、サラフィーたちにとって最大の関心事でありつづけました。外側から見ると、反イスラーム的な政権や外国勢力との戦いがメインの活動に見えるのですが、それはサラフィー主義者の中でも少数派のサラフィー・ジハード主義者がしていることです。

すでに申し上げたように大多数のサラフィーは政治に疎い人たちです。黒魔術や聖者崇拝をつぶすのに忙しくて、国際政治のことなどたいして関心がありません。実際に、イスラーム世界の多くの地域で、ジンを祓うとか、黒魔術を撃退するといった方法を書いた実用書がたくさん出版されています。そうした庶民にとっての現実にはほとんど光が当てられていませんが、まずそれが基礎にあって、その上に政治的なジハードがあるのです。

アル＝アクサー・モスク。エルサレム旧市街のハラム・アッシャリフ（ユダヤ教では「神殿の丘」）の南にある8世紀に創建されたモスク。たびかさなる火災による改築や再建のため創建当時の面影は失われているが、メッカとメディナにつぐイスラーム第三の聖なるモスクとされている。

先生はエライ

スーフィズムというと、ズィクルのような身体を用いた瞑想修行や直接体験を重視するというイメージが強いかもしれません。たしかにズィクルを重視する教団は多いのですが、ナクシュバンディーの場合は、ズィクルよりも「いっしょにいる」ことが重視されていました。ナーズィム師は、来た人はだれでも受け入れる方でした。そして弟子といっしょに過ごすことを大切にされていた。じつは、このことはイスラームを行ううえで、たいへん重要なポイントです。

イスラームとは神への帰依を意味します。ただ帰依といっても、どうすればいいのかぴんとこないと思います。帰依という訳語は仏教用語ですが、では五体投地みたいに地面に這いつくばれば帰依したことになるのか。

イスラームにおける帰依とはそういうものではありません。イスラームでの神への帰依とは、イスラームの信頼性の根拠になっている預言者ムハンマドに従うことです。預言者を通じてしか神に仕えることはできません。

しかし、預言者ムハンマドはもう亡くなっています。となると、どうやって預言者

バグダッドのカーズィミーヤ・モスク内部の廟にふれるシーア派の信徒たち。シャンデリアや鏡などによるきらびやかな光に廟が覆われている。

に従えばいいのか。そのひな形となるのがスーフィズムの師弟関係です。もちろん、スーフィーの師は預言者のように無謬ではありませんが、形式として、預言者に仕えるように師に仕えることによってイスラームにおける帰依を学ぶことはできます。

さらにいえば、師がだれであろうと、それは問題ではありません。無謬な人間はいません。聖者といわれる人たちだって、たいてい偽物です。重要なのは先生がどういう人かよりも、学ぶ側の姿勢です。先生は親でも近所のおじさんでも、だれでもいい。その人を師として、自分が学ぶ。師が賢明だろうが愚かだろうが、それも関係ありません。

たとえ、どうしようもなく愚かであろうと、その人を師として学ぶことはできる。そのような関係性をとることによって「預言者に従う」という意味を知ることができる。あたかもその人が預言者であるかのように仕えることがイスラームを学ぶことにつながるんです。その意味ではスーフィーが重視する師弟関係は信仰の根幹です。先生はエライんです。

もちろん、サラフィーはこういう考え方を否定します。一人ひとりが『クルアーン』と「ハディース」をきちんと読めばイスラームはわかると主張するのがサラフィーです。師を神格化したり、師への崇敬を制度化したりすると、聖者廟への願掛けのような現世利益に堕してしまいかねません。

スーフィーの神秘体験の本質

スーフィズムには神秘体験を重視するというイメージがあります。でも、イスラームにとって神秘体験はとくに重要ではありません。たしかに神秘体験と呼ばれるような体験はあります。そこにイスラームとか仏教とかキリスト教といった枠を超えた普遍性もあるかもしれません。しかし、そのこととイスラームが目的とする救済とはなんの関係もありません。イスラームにおける救済はムスリムになることによって、死後アッラーからもたらされます。神秘体験とは、ただ「ある」だけです。それを知ったからといって、また知らないからといって、そのことと救済とはかかわりがありません。

スーフィーの哲学にはさまざまな議論があります。人間の中に霊性が宿って、神と合一化するといったことを唱えるものもあります。しかし、これはイスラームの基本的な考え方からすると、ありえない。

イブン・タイミーヤが批判したイブン・アラビーという十三世紀のスーフィー哲学

者がいます。彼は存在一性論という説を唱えています。人格が解体していった果てにハック（真実在）という最終的なものを置き、そこへいたるプロセスのどこかの段階にアッラーを位置づけるというものです。アッラーという人格すら純粋存在にむかう途中の段階にあるとします。

哲学者の井筒俊彦さんは、そこに仏教などの東洋思想との共通性を見ています。仏教もまた、人間の人格を虚妄として、それを解体していった果てにある、いわゆるエネルギー的な「なにもない状態」を最終的な実在とします。

けれども、これは誤りです。アッラーは人格を離れてはありえません。そもそも人間だけに人格があるという発想がまちがっています。アッラーは、いまのわれわれの人格を解体していった果てにあるのではなく、逆にさらに人格化を進めていったところにある。方向性が逆なんです。だから、イスラームはどう妥協してみても、東洋思想的なものにはなりません。一神教とは、人間以上の高次の人格を認めるものであって、また、そういう人格を支える実在をも認めるシステムです。

物のレベルを抽象化していけば、たしかに真実在に到達するという議論は正しいでしょう。存在論としては東洋思想との接点はあります。しかし東洋思想には「神」論がない。あくまでアッラーという唯一神をのぞいた存在論なんです。

いいかえれば、東洋思想は被造物の世界については正しいかもしれないけれど、創造や救済については説明できない。東洋思想にイスラームはわからないんです。アッラーとは、われわれよりもはるかに鮮明な人格です。ぼやけていくものではありません。

イブン・アラビーの存在一性論はスーフィー哲学の最終形態といえるでしょう。でも、あくまでも存在論であって、アッラーを説明するものではない。それはアッラーと人間との間の境界を侵してしまう。

たしかにズィクルなどをして忘我状態になったとき、「われは神なり」という言葉がスーフィーの口を通して出てくることはあるかもしれません。そう口走って異端として処刑されてしまったハッラージュ（八五七頃—九二二）というイランのスーフィーもいます。それはあくまでイメージの体験です。イメージと実在はちがいます。アッラーはあくまで外在です。

神秘体験はあるでしょう。ただ、それが悪魔やジンによるものかどうかはわからない。そこで『クルアーン』や「ハディース」を参照して、それに合っていればその体験は神聖なもの、そうでなければ悪魔のささやきということになります。でも、神秘体験の有無はイスラームの理解とはなんら関係ないと私は考えています。

スーフィズムは原理的には正しいと前に申し上げましたが、いろいろ問題はあります。私が感じるのはスーフィズムの問題点は法の考え方が欠落している点です。これはスーフィズムだけでなく、あらゆる神秘主義にいえることだと思います。人間社会で起きるさまざまな犯罪や問題に、神秘主義では対処できない。人間がやっていいことと、やってはいけないことを、神秘主義はきちんと規定できません。

第5章

なぜカリフ制再興なのか

サウディアラビアへ

一九九二年の春、私はカイロにイスラームの勉強に来ていたムスリムの日本人女性と結婚しました。彼女はもともとフランス文学専攻で、パリに留学してアルベール・カミュの研究をしていたのですが、そこでイスラームに出会い、入信して、もっとイスラームを知るためにカイロにやってきてエジプト人家庭でホームステイをしていました。その頃、ときどき相談にのっていて、その縁で結婚することになりました。

ちょうど同じ頃、博士論文が通り、時を同じくしてサウディアラビア日本大使館の専門調査員の職を得ました。六年暮らしたエジプトを離れる直前に、彼女のムスリムの友人らが結婚祝いとお別れパーティーを開いてくれました。そしていったん日本に帰国した後、ほどなくして夫婦でサウディに向かいました。

メッカとメディナというイスラームの二つの聖地をいただくサウディアラビアは、きわめて閉鎖的な国の一つであり、その内情が知られることはあまりありませんでした。この国について一般に知られていることといえば、厳格なサラフィー主義であるワッハーブ派イスラームと、石油収入をバックにしたイスラーム対外支援です。

リファーイー・モスクで『クルアーン』の勉強をするアズハル大学の女子学生。

私が出かけた頃は湾岸戦争後で、サウディにアメリカ軍が駐留していた時期でした。当時人口千七百万だったサウディアラビアに五十万人を超える異教徒の多国籍軍が駐留していました。イラクのムスリムを攻撃した湾岸戦争はサウディアラビアのワッハーブ派宗教界に大きな影響を与えました。イラクの脅威に対抗するために、外国駐留軍を要請せざるをえなかった政府の威信は失墜し、同時に、情報統制が緩和されたことによって、サウディ内部の政府批判、反政府運動の動きが外部世界に伝えられるようになりつつありました。

一九九〇年代はイスラーム世界ではイスラーム主義武装勢力による反政府闘争が盛んに行われた時代でした。エジプトでも爆弾テロや観光客襲撃など政権に揺さぶりをかけるような闘争がくり返されました。しかし、自国の為政者の打倒を目指したこうした闘争は、自国民を巻き添えにすることも多く、大衆の支持は得られませんでした。その中で注目を浴びるようになったのが、サウディアラビア有数の大財閥の御曹司オサマ・ビン・ラディンです。

ビン・ラディンは、アフガニスタンで旧ソ連と戦った義勇兵です。サウディアラビアに戻ったビン・ラディンは、サウディへのアメリカ軍駐留を、異教徒による聖地の冒瀆と見なし、アメリカに対するジハードを呼びかけます。自国の反イスラーム政権の打倒という対内ジハードから、イスラームの敵である欧米へのジハードへと戦略の転換を図ったのです。これが湾岸戦争で反米感情を募らせていたムスリムの心をとらえ、のちの9・11へとつながる大きなきっかけとなります。

解放党の思想との出会い

私にとってサウディアラビアでの大きな出来事は「解放党（ヒズブ・アル＝タフリール）」の思想との出会いでした。解放党とは、カリフ制再興を唱える政治結社で、一九四九年にナブハーニーというエルサレム生まれのイスラーム法学者によって創設されました。

解放党は長年、非合法組織として地下活動を強いられています。ところが、サウディ滞在中、外国人ムスリムのある集まりに参加したところ、その中に、解放党の本を持っていた人がいたのです。これには驚きました。

解放党の唱えるカリフ制再興をアラブ世界で主張することは当時はきわめて危険なことでした。カリフ制はすべての領域国民国家を廃止し、国境をなくして、人とお金と物の自由な行き来を可能にするというものです。国民国家システムを採用しているいまのイスラーム諸国の為政者にとっては、それは彼らの地位や権益を危うくするものです。しかし、サウディアラビアにはもっと深刻な理由がありました。

サウディアラビアは王族が莫大な石油利権を独占している専制国家です。しかし、政治的には国民主権や民主主義を否定し、イスラームを統治のためのイデオロギーとすることで、正しいイスラームを実践している唯一の国のように振る舞い、それによって他の世俗的なイスラーム諸国との差別化を図ってきました。

王家のサウド家はイスラームの守護者を名乗り、国外のサラフィーやワッハーブ派の支援をつづけてきました。そうやって正しいイスラームの国をよそおうことで、サウド家と国民が石油収入を独占することを正当化してきたのです。しかし、それを可能にしているのは、じつは西洋的な領域国民国家システムにほかなりません。

カリフ制の再興は、こうしたサウディアラビアの政策を根本から揺るがします。イスラームを統治のイデオロギーとしていながら、そのイスラームの根本であるカリフ制を認めてしまったら、石油利権を独占している王家にとっては大打撃です。カリフ以外の権威を認めず、国家という分断をなくしてしまうカリフ制の再興は、利権保持のためには絶対に阻止しなくてはなりません。このような事情があるため、カリフ制再興について表立って話すことはサウディアラビアではタブーでした。そのサウディアラビアで解放党の本を持っている人間に出会うとは思いもよりませんでした。

この本を持っていたというだけで相手がどういう人かわかります。これは知っている人にしかわからない世界です。その人はのちに宗教警察に捕まってサウディアラビアから追放され、いまはレバノン本部で解放党の広報委員長をしています。

九〇年代の前半、イスラーム世界でカリフ制の復興について本気で語っているのは解放党だけでした。エジプトでの家庭教師だったサラフィー・ジハード主義者のムハンマド君でさえもカリフ制のことなど、まるで口にしていなかった。もちろん、ムスリムであれば、カリフ制がなんなのかは当然知っています。本来であれば、ムスリムにとってカリフ制は義務であり、イスラーム主義者と呼ばれる人たちが目指さなくてはならないのはカリフ制のはずです。しかし、それを現実的な目標として掲げていたのは当時は解放党だけでした。

ダール・アル＝イスラームとダール・アル＝ハルブ

解放党はどういうことを主張していたのか。そのことに入る前に、イスラーム世界を理解するための概念である「ダール・アル＝イスラーム」（イスラームの家）と「ダール・アル＝ハルブ」（戦争の家）についてふれておきます。

イスラームは世界をダール・アル＝イスラーム（イスラームの家）とダール・アル＝ハルブ（戦争の家）という二つに分けて考えます。ダール・アル＝イスラームとはイスラーム法によって治められている土地です。それ以外の地域がダール・アル＝ハルブです。

ダール・アル＝イスラームは理念的には一つで、ムスリムであれば、人種、民族、国籍を問わず、たとえダール・アル＝ハルブに住んでいようとウンマ（イスラーム共同体）の一員として、だれでも受け入れるし、自由に移動することができます。ダール・アル＝イスラームにおいて、イスラーム法を執行して、ムスリムの安寧を守る。そういう役割を負わされた人間がカリフで、そういう政体がカリフ制です。

ダール・アル＝イスラームにはムスリムだけではなく、異教徒も住むことができます。キリスト教徒、ユダヤ教徒、ゾロアスター教徒、仏教徒、ヒンドゥー教徒も含まれます。彼らはイスラームの秩序を乱さないという誓約をして、ジズヤ（人頭税）という税金を払えば、宗教的に自治を許されて共存できます。ジズヤは定額制で、成人男子にだけ課されます。額については諸説ありますが、有力説では富裕層なら年間四ディーナール、いまだとだいたい七万五千円位と、ひじょうに安いです。中間層はその半分、貧しい人はさらにその半分で、それより貧しいと免除されます。イスラーム法の定める範囲内で、改宗することなく、自分の宗教を守ることができます。

オスマン帝国時代にあった、こうしたダール・アル＝イスラームは、植民地支配によって分断され、国境線が引かれます。一九二二年のオスマン帝国滅亡後、ダール・アル＝イスラームの諸地域は、植民地支配から独立していきますが、それはダール・アル＝イスラームの復活ではありません。国境によって物流と人的移動は制限され、単一のウンマの一員だったムスリムは、それぞれの国家に忠誠と服従を余儀なくされ、ムスリム、異教徒を問わず同じ「国民」としてまとめ上げられてしまっているのが現実です。

カリフ制再興は、このような国境を取り払い、人と資本が自由に移動でき、富の公正で適切な配分を行い、真の意味でのグローバリズムを目指そうとする運動です。そこではムスリムであるか否かを問わず、移動や移住も自由です。いいと思えば住めばいいいし、いやならば出ていけばいい。パスポートもいりません。亡命や不法入国を禁じる法的権限もありません。

イスラーム法よりカリフ制再興が先

解放党は、現代のイスラーム世界は、その全域がダール・アル＝ハルブ（戦争の家）だとしています。ダール・アル＝イスラーム（イスラームの家）はどこにも存在していないと見るのです。ダール・アル＝イスラームとは、イスラーム法によって統治され、ムスリムの為政者による安全保障に基づいている地域です。たとえ、住民のほとんどがムスリムであっても、安全保障をしているのが非ムスリムであれば、そこはダール・アル＝ハルブです。また、イスラームの為政者によって治安が維持されていても、イスラーム法による統治が実現されていなければ、やはりダール・アル＝ハルブです。そのように見ると、いまの地上にはダール・アル＝イスラームは存在していないのです。

解放党のこの主張はサラフィー・ジハード主義者と同じです。しかし、そのあとの考え方がジハード主義者の本流と解放党とでは異なります。ジハード主義者の本流の考えでは、反イスラーム的な為政者はジハードによって打倒することが義務になります。

一方、解放党の思想はちがいます。たしかにムスタファ・ケマルがトルコ共和国を樹立しオスマン朝カリフ制を廃止した時点では、ジハードでトルコ共和国を打倒しカリフ制を再興することがムスリムの義務とされていました。しかし、ダール・アル＝イスラームがダール・アル＝ハルブに転化してしまった状態が長く続いている現在においてはイスラーム法の遵守義務もないと解放党は解釈します。

ジハードはムスリムにとっての義務ですが、解放党は、ダール・アル＝イスラームがない状況下ではジハードは義務ではなくなり、むしろ優先しなくてはならないのはカリフ制の再興であると考えます。ジハード主義者のように、カリフ制を立てるためにジハードをするというのはまちがっているというのです。預言者ムハンマドがメディナの有力者たちを説得して国家元首として迎えられ、ついにイスラーム国家を樹立したように、どこかのムスリム諸国の政治家や軍部を説得してカリフ制樹立のクーデターを起こすというのが解放党の考えるカリフ制再興への道です。

ムスリム同胞団も、サラフィー・ジハード主義のアルカイダも、イスラーム法を適用するイスラーム国家をイスラーム世界各地に作っていき、最終的にそれらを統合してカリフ制を作る、というふうに考えています。しかし解放党によると、カリフ制だけがイスラームの正しい政体であり、カリフ制再興までは、ローカルなイスラーム国家ができることはないとしています。世界中のムスリムがカリフの下に統合されるカリフ制だけが真のイスラーム国家なのです。しかし、イスラーム法を遵守しなくてもいいからといって、なにもしなくていいとは彼らもいっていません。飲酒を禁じてもダール・アル＝イスラームが実現されるわけではないけれど、飲酒をしないのはいいことであり、できることからやっていくのは、よいというのが彼らの考え方です。

このような解放党の思想に、私自身も大きな影響を受けました。解放党の思想には論理的整合性がありました。いまでは私も、カリフ制が実現するまでは、イスラーム法の適用はできないと考えています。カリフの宣教が届いていない地においては、礼拝をしたり、飲酒を禁ずる義務はありません。イスラームは法の論理に基づいた宗教です。責任能力がなければ罪にはなりません。その責任能力の中に知識が含まれます。知らなければやらなくてもいい。理解できなければ免責されます。「知らなかったではすまされない」ではなく、「知らなかったなら義務も責任もない」のです。

なまじ知っていると地獄へ堕ちるが、知らなければ天国へ行ってしまう。神への信仰がなくても、みな天国へ行けるという説すらあります。もし、そうならムスリムになる必要さえありません。でも、これが万一まちがっていたなら地獄へ落ちてしまうので、そのための保険として一応ムスリムになっておくといい。これもまたテンションの低い宣教になってしまいますが。

9・11〜イラク戦争〜イスラーム国

一九九〇年代は、イスラーム主義者による反政府武装闘争が頻発した時期だと申し上げました。この頃からイスラーム主義者は西洋民主主義に敵対する反近代的なテロリストのレッテルを貼られて、いまなおそのイメージをぬぐい去れずにいます。

この頃、よくいわれていたのが、イスラーム主義者を生み出すのは貧困や搾取であるという説明でした。いまでもテロが起きると、まことしやかにそういう説明がされますが、これは正確ではありません。

たしかに、ヨーロッパの移民などの中には貧困や搾取からイスラーム運動に身を投じる人もいないわけではありません。しかし多くのイスラーム主義者を突き動かしているのは、イスラームの教えを守って生きようとするとき、それが許されない状況に対する抵抗です。大学でのスカーフの着用が認められない。職場で定刻に礼拝ができない。そのような現実への抗議であって、「近代」や「西洋」そのものを敵視しているわけではありません。

九〇年代にイスラーム運動が盛んになるきっかけをつくったのはソ連のアフガニスタン侵攻（一九七九―八九）です。そこでできあがったワッハーブ派とジハード主義者とムスリム同胞団によるアフガン・コネクションとでもいうべきネットワークがその後グローバルに広がっていきます。それが現在まで続くイスラーム運動のベースになっていったのです。

ソ連がアフガニスタンから撤退してまもなく東西冷戦が終結し、旧ソ連の衛星国の独裁政権が次々と崩壊します。このときイスラーム世界でも、欧米がイスラーム世界の独裁政権に対して圧力をかけ、民主化を支援するのではないかという期待が高まりました。

ところが、それを裏切る出来事がアルジェリアで起こります。一九九一年、アルジェリアの選挙でイスラーム政党の「イスラーム救国戦線」（ＦＩＳ）が勝利を収めたとき、これをアルジェリア軍がクーデターでつぶしました。

このとき欧米はどうしたか。軍の暴挙を批判するどころか、逆に軍のイスラーム政党への弾圧を黙認します。それからアルジェリアは激しい内戦に突入します。「民主化」を求めていたイスラーム世界の民衆は、口では「民主化」を唱えつつ、実際には公正な選挙よりも、腐敗した軍や独裁政権を支持する欧米の欺瞞に失望し、つよい不信感を抱くようになります。

同じ頃に起きた湾岸戦争も、ムスリムの間にアメリカへの不信感を広げることになりました。イラクへ武力行使をしつつ、イスラエルのパレスチナ占領を支援するというダブル・スタンダードはだれの目にも明らかでした。

イスラーム主義者たちは、「もはや平和的方法ではだめだ、かといって反政府闘争では国内が混乱する」ということで、わかりやすい「対米ジハード」へと戦略を変更し、ジハード主義者とビン・ラディンが合流し、9・11へとつながっていきます。

9・11は、イスラーム世界の独裁政権にとって、テロとの戦いという名目で、反政府イスラーム主義者を弾圧する口実を与えることになりました。イスラーム主義者の立場はますます厳しくなっていきます。アメリカも大規模なテロ掃討作戦を展開し、もともと緩やかなネットワークであったイスラーム武装勢力の分散化がますます進行します。

二〇〇三年、アメリカはイラク戦争でフセイン政権を倒します。このとき、ほとんどのイラク人は初めはフセインの圧政を終わらせたアメリカ軍を歓迎していました。しかし、それはすぐにアメリカへの怒りへと変わります。

フセイン政権が倒れれば、イラクの多数派であるシーア派の台頭は当然予想されていました。アメリカはそれを見越して、シーア派主体の傀儡《かいらい》政権を作りあげます。しかし、この政権はスンナ派の住民を弾圧し、二〇〇四年のファルージャ侵攻では、人口三十万の街を米軍とイラク政府軍とで破壊しつくしました。ファルージャだけではなく、アメリカ軍はイラク全土でスンナ派住民を「テロリスト」扱いし、不当に扱ってきました。

度重なる空爆を行い、多くの一般市民を殺害しておきながら、アメリカはいっさい賠償をしていません。その一方でイラクの原油を収奪していきました。それがスンナ派イラク住民に反米感情とイスラーム意識の高まりをもたらします。イスラーム国指導者のアブー・バクル・アル゠バグダディーも、ファルージャ侵攻の際、スンナ派武装組織に資金援助をした容疑で拘束され、米軍のキャンプに収容されていた時期があります。釈放後、アル゠バグダディーは、イスラーム国の前身である「タウヒードとジハード団」に参加します。イラク戦争後のアメリカとそのシーア派傀儡政権によって、イスラーム国への道は着実に作られていったのです。

だれも予想できなかった「アラブの春」

二〇一〇年から一一年にかけてチュニジアに端を発した反政府暴動がアラブ各地に飛び火し、チュニジアのベン・アリー、エジプトのムバラク、リビアのカザフィ、イエメンのサーレフと、二、三十年にわたって君臨してきた独裁政権が次々と崩壊していきました。いわゆる「アラブの春」です。

「アラブの春」は、湾岸戦争、9・11、イラク戦争といったイスラーム主義の勃興の流れの中で起きたかのように見えますが、そうではありません。それはだれも予想していなかったまったく別の流れから起きてきました。背景にあったのは社会問題、貧困、それぞれの国の非民主的な独裁政権への不満の表れです。基本的には世代間対立が圧倒的に大きかった。老人が居座っているおかげで、若者の機会が奪われている。そうした社会的な不満があった。その意味で「アラブの春」の担い手は大衆であって、湾岸戦争やイラク戦争などとの関係はほとんどなかった、といえます。

「アラブの春」はスンナ派のイスラーム運動にとっては、イスラーム革命の実現の絶好の機会でした。エジプトではイスラーム主義を掲げるムスリム同胞団が思いもよらず政権を取ることになりましたが、結局それが名ばかりのイスラーム主義でしかなかったことを露呈して、翌年には軍のクーデターで政権を明け渡します。

「アラブの春」がもたらしたもう一つの大きな変化は、カリフ制再興の情報が広く出回るようになったことです。あのときからYouTubeにカリフ制の再興を訴えるビデオが、たくさんアップされるようになりました。

九〇年代前半には表立ってカリフ制再興を主張していたのは解放党くらいで、ほとんどのアラブの国ではカリフ制にふれること自体がタブーでした。ただ、インドネシアでは一九九八年にスハルト政権が倒れると、言論が自由化され、解放党も自由に活動できるようになります。二〇〇七年にはジャカルタの大きなスタジアムで十万人を集めて、解放党主催の第一回「国際カリフ会議」が行われました。私も招かれてスピーチをしました。そのときの動画はいまもYouTubeで見ることができます。

中東アラブ世界でカリフ制再興が広く唱えられるようになったのは、やはり「アラブの春」のあとです。イスラーム世界では、すべて反イスラームの政府が、イスラーム運動を弾圧しているという状況でした。弾圧がゆるめば、イスラーム主義が伸びるのは当然なんです。「アラブの春」で独裁者が追放されたことで、カリフ制再興の思想がイスラーム世界に一気に広まっていったのはそのためです。イスラーム主義は「反近代」と思われがちなのですが、そうではありません。むしろ、いま起きていることは「近代」の賜物といえます。

この二十年ほどの間に、イスラーム主義が世界に広がってきたのは、イスラームについての知識の広がりと深く関係しています。私がカイロに留学した頃と今とを比べると出版されているイスラーム関係の本の数は圧倒的に増えました。教育の普及、インターネットの普及がそれをさらに加速化させて、民衆のイスラームの知識や認識が大きく深まった。その結果、このままではいけないという危機感が広がっていきました。反動や反近代ではなく、まったく反対のベクトルをもった動きなのです。

イスラームの深いレベルでの理解は、預言者の後継者にふさわしい知行合一のイスラーム学者に師事して長年にわたる学問の研鑽を積まなくては得ることができません。その意味ではイスラームの学問のレベルは八、九世紀以降、衰退の一途をたどっています。しかし、こうした深い理解を必要としない、イスラームについての教科書的な知識や情報なら、西洋による植民地支配とそれに伴う西洋式の学校制度の導入による識字率の向上と初等中等教育の普及により、年々向上しています。そうしたイスラームの知識の中に窃盗罪の手首切断刑、姦通の石打ち刑、鞭刑執行の義務、そしてカリフ制再興の義務も含まれます。イスラーム主義の伸長の主要因は、ムスリム世界全域におけるこのイスラーム学の知識と情報の普及と向上なのです。

イスラーム現代史におけるイスラーム国成立に至る流れは、拙著『カリフ制再興――未完のプロジェクト、その歴史・理念・未来』（書肆心水）の中でくわしく論じていますので、そちらをお読みください。

ムスリムのアジールがない時代

いまイスラーム世界は東南アジアからアフリカにまで広がっています。中東には豊富なエネルギー資源があり、アジアやアフリカには広大な農地があり、その広がりの中に十六億のムスリムが暮らしています。もし、イスラーム世界が一つにまとまることができれば、経済的にも大きな可能性があります。

しかし、現実には、ムスリムの多い国同士の間には途方もない経済格差があります。国籍すら与えられていないロヒンギャのような人たちもいれば、湾岸の産油国のような莫大な富を独占している者たちもいます。生活が苦しいからといって、豊かな国へ自由に移動もできない。そうした隔離政策、領域国民国家システムを肯定しつつ、人権を尊重するといっている人たちを、私は信用することができません。

ヨーロッパでも差別や社会格差の中で不満を募らせているムスリムはたくさんいます。中国でも新疆《しんきょう》ウイグル自治区のウイグル人ムスリムへの弾圧が激しくなっており、多数のウイグル人が国外逃亡し、イスラーム国へ合流する者の数も増えています。イスラーム世界であろうと、ヨーロッパやアジアであろうと、イスラームをまじめに実践しようとすると弾圧される。とくに「テロとの戦い」ということがいわれるようになってからは、その傾向がますます強まっています。ところが、いまの世界で、ムスリムであればだれでも受け入れるといっているのはイスラーム国しかありません。それが問題なんです。

現在、亡命ウイグル人を本国送還しない国はアフガニスタンとトルコだけです。しかし、アフガニスタンも中国の影響力が増しているので、実質的にはトルコくらいしか受け入れてくれる国がない。それが領域国民国家であるイスラーム諸国の現実です。

ウイグル人たちは、中国の圧政に対して戦って独立を勝ち得たいと考えています。だからイスラーム国に入って、戦い方を学ぼうとしている。でも、国際社会はそんなウイグル人を「テロリスト」と呼びます。

イスラーム国以外に、ムスリムにとってのアジール（避難所）となれる場所がない。そういう厳しい現実を変えるためにも本来のカリフ制再興が必要だと私は考えます。

カリフ制は、真摯にイスラームを実践しようとするムスリムにはなくてはならないものです。ムスリムが安心して生きることができる本当のカリフ制を再興しない限り、世界の中に居場所がないムスリムを引き寄せるイスラーム国のような運動はなくならないでしょう。イスラーム国は「国」という名前をつけているように国家を前提としています。しかし、本来カリフ制は西洋的な領域国民国家とは相容れません。人間やお金や物が国境や関税なしに自由に動くことができて、それが統一された法によって担保される本当の意味でのグローバル化された世界こそがカリフ制だからです。

カリフ制構想を夢物語やユートピアにすぎないといって批判するムスリムもいます。しかし、ヨーロッパでEUが成立したことを思えば、その道はけわしいけれども不可能ではないと思います。

ヨーロッパは殺戮《さつりく》の歴史をたどってきました。イスラーム世界の比ではありません。第二次世界大戦当時、ヨーロッパの人口はおよそ三、四億でしたが、ヨーロッパ人同士の殺し合いでそのうち五千万人が犠牲になっています。ユダヤ人は六百万人が殺されています。カトリックとプロテスタントも何世紀にもわたって争ってきました。

そんなヨーロッパですらEUができて、通貨の統一がなされて大きな経済圏が実現されています。中国やインドも、あれだけ言語も民族もバラバラなのに、とりあえず十億人以上が国としてまとまった。イスラーム世界はもともとウンマという一つのイスラーム共同体としてあった。一つになれないはずはないと思います。

まずはEUをモデルに、国境を自由に越えた移動を実現し、通貨を統一し、巨大な経済圏を作りあげる。もちろん真のカリフ制は、国家システムそのものをなくしてしまうことなので、EU的な連合はその最初の段階にすぎません。しかし、まずはそこから始めるのが現実的だと思います。

現代の国家をいきなりなくすのはむずかしいので、まずはイスラーム世界の中で国境を取り払い、政府をなるべく小さくして、力を弱めていく。その一方で社会の力を強くする。それは「客人を歓待する」「持っているものは回す」「助け合う」といったイスラーム社会に、もともとあった精神を強めていくということです。イスラームはもともと強い支配機構を必要としないシステムでした。ほとんどのことは社会にまかされていて、国家は治安と防衛という最低限のライフラインだけを守るというのが、かつてのイスラーム世界でした。

人の内心に干渉せず

カリフ制についての誤解の一つとして、それは独裁ではないか、全体主義ではないかという人がいます。しかし、カリフは独裁者ではありません。カリフの権限はきわめて限定的です。戦争をするかどうかの決定、ザカー（喜捨）やジズヤ（人頭税）の徴収や分配、裁判官の任命といった、ごくかぎられた権限しかもちません。カリフは法学者ではないので、基本的にはルーティンワークをやっていればいい。ほとんどのことは社会にまかせるという立場です。

たとえば、カリフは「教育」にはタッチしません。国家が教育を行うのは当たり前とほとんどの人は思っています。しかし、義務教育とは国家が検定した情報と価値観をすりこむことによって、人びとに国家に対する疑問を抱かせなくするシステムといえます。それは洗脳にほかなりません。

日本もふくめて現代の教育システムのベースになっているのは、ヨーロッパのキリスト教文明です。そこでは国家が人間の肉体を支配し、教会が人間の心を支配していました。告解や懺悔《ざんげ》という制度は人間の内心を教会の支配下に置くことを目的としていました。なにを考えているか、心になにを抱いているか。それを管理するのが教会でした。近代になって教会の権威が失われると、代わってその役割を担ったのが国家が管理する学校教育です。

イスラームでは人の内心を知る者は神だけです。『クルアーン』にも「詮索してはならない」とあり、人の内心に踏み込むことを厳に戒めています。内心の自由は尊重されます。カリフ政体では、異教徒であろうとムスリムであろうと、いかなるイデオロギー教育も行われません。教育は社会や共同体で行えばいい。それではアナーキズムではないかといわれるかもしれませんが、そのとおりです。シャリーア（イスラーム法）をそのまま実行するとなると、じつはアナーキズムになるんです。

しかし、アナーキズムとは全体主義・権威主義的な政府がないというだけで、無秩序を意味するわけではありません。現代はなんにでも国家が介入するのが当たり前です。ですから国家がないと無秩序な混乱しかないのではないか、と考えてしまう。けれども、そんなことはありません。教育も結婚も、国家がなくてもなんら問題はありません。

では、だれがカリフになったらいいのか。カリフの権限はかぎられており、強大な権力を握る独裁者ではなく、むしろシンボリックな存在です。だれがなるかより、みなの合意で選ばれるのがだいじなんです。ただ、どのように決めるのか決まっているわけではないし、承認する機関もありません。その人が本当にカリフにふさわしいかどうかは神にしかわかりません。

サラフィー・ジハード主義を標榜している私が、こういうことをいうと矛盾するようですが、私自身はカリフはサラフィーではなく、マジョリティーであるスンナ派の伝統主義の人たちから出てくるほうがいいと考えています。伝統主義とは、ハナフィー派、マーリキー派、シャーフィイー派、ハンバリー派という四大法学派に属し、中世の伝統に忠実な立場です。

どの立場の人間がカリフになるかによって、シャリーアの適用の仕方も変わります。ジハード主義者がカリフになると、やはり戦いたがるでしょうし、サラフィー主義者がカリフになると女性は顔を隠すべきということになるでしょう。一方、四大法学派の法解釈では女性は顔を隠す必要はありません。伝統主義の中からカリフが選ばれたほうが、多くの人の同意を得やすいでしょう。伝統主義者のほうが学識があるし、法学的にも洗礼された議論ができます。

ただ、伝統主義者たちは、これまでカリフ制についても、シャリーアについても真剣に考えることもなく、結果的に、長年にわたって独裁政権の不正に荷担してきました。今日のような事態を招いたのは、彼らがイスラームをまじめに考えていなかったからだと私は思っています。

負け続けつつ、干渉されない世界を

では、現実として、カリフ制になったとき、欧米の資本主義の論理に対抗して、やっていけるのか。これはむずかしいでしょう。というより、カリフ政体というのは、勝つとか負けるといった競争原理を超えて、自分たちが干渉されないで生きていけるシステムを作ることだからです。

イスラーム法では、法人を作ってはいけないことになっています。商売をする場合、すべてにおいて個人が責任を負う形になります。法学派によって見解は異なりますが、最大でも二つ以上約款《やっかん》をつけた契約はしてはいけないことになっています。アメリカのように訴訟に備えて何百ページにもわたる契約書などを作ったりはしません。

それでも、商売ができないわけではありません。カイロの下町の香料薬種商など、個人経営の小さな店なのに、何億円単位の商売をふつうにしています。それが可能なのは取引の根底にあるものが信用だからです。約束を守ったほうが、互いにとって利益になると思えば、相手を信用します。イスラームが東南アジアに広まったのはジハードによる軍事的征服によってではなく、ムスリム商人たちが正直な商取引で信用を得ることで現地人を感化したからです。イスラーム世界はこのやり方で、ずっとやってきたし、近代的な組織運営もある程度までは可能です。

カリフ制では、たとえば、新たに全国的な道路や鉄道網を作るのはむずかしいでしょう。イスラームには用途を国家が決めて自由に課せる税金はないので、カリフには私有地を接収する権限もありません。ただし、領域国民国家が国有化したものは没収してカリフの支配下に置かれるので、すでにある道路や鉄道を維持管理する形で運営することは可能です。油田もウンマ（イスラーム共同体）の共有財産として利用できます。

現在のグローバル経済の主流は、欧米型の新自由主義です。しかし、新自由主義というのは、その名前とは裏腹に、ちっとも自由な経済ではありません。経済が自由であるとは、経済が政治から独立して、経済の論理で自律的に機能することです。しかし、新自由主義は実際には国家の力を背景とした経済です。政治と経済が分離していないのです。超大国がグローバル企業に有利な法律を作ってそれを力づくで外国に押し付けることで非関税障壁を取り除こうとする。それは自由主義ではなく国家主義です。

カイロの香料薬種商。イスラーム地区には香料や薬草を扱う店が集まる界隈がある。間口の狭いローカルな商店のように見えても、北アフリカからインドやアフガニスタンなど海外ネットワークを張り巡らせて巨額の取引を行っている者もいる。

本来の経済自由主義であれば、法律による強制でなく、経済的に利益があがらない制度は市場が淘汰し、不当な取引をする企業とはだれも契約をしなくなることで市場から排除されていきます。国家が法律で特定の制度を押し付けるのは経済自由主義ではなく、自由主義的なみせかけをとった国家による統制経済でしかありません。

結局、欧米のグローバル経済とは国家がコントロールしている経済です。その国家をコントロールしているのは一部の金持ちたちであり、彼らが自分の利益のために法律を作っている。そういう構造に基づく経済が新自由主義です。それに対してイスラームの経済では政治と経済が分離しています。経済の論理だけで動く。イスラームのグローバリゼーションとはそういう意味です。国家のコントロールからは自由です。

カリフ制になっても経済的に欧米にはかなわないでしょう。むしろ負け続けるかもしれません。軍事的には核兵器をパキスタンが数発保有しているだけのムスリム世界に勝ち目などありません。

でもカリフ制は欧米に対抗するための原理ではありません。いや、そもそも、カリフ制の経済を紙切れでしかないドルやユーロや、コンピューター上の信号の点滅でしかない電子マネーで評価することにどれだけの意味があるでしょう。カリフ制、ダール・アル゠イスラームとは、たとえ欧米的基準では経済的に貧しくとも、内部ではイスラームの価値を守りながら暮らすことができて、欧米の干渉からも自由であるような世界です。衣食住さえ足りて生活していけるのであればそれでいいとする考え方です。

シーア派とスンナ派の共存は可能か

イスラームが非イスラーム世界とどのような関係を築いていくか、というのも大きなテーマですが、イスラーム内部にも大きな課題があります。それはスンナ派とシーア派との和解です。

現代のイスラーム世界の最大の変化はシーア派の勢力拡大です。一九七九年のイラン・イスラーム革命にはじまり、イラク戦争後、イラクのシーア派政権の成立に至るまで、シーア派はルネサンスといっていいほど、歴史の中でも前例のない時代を迎えています。しかし、そのことがスンナ派とシーア派の対立を激化させ、イスラーム世界に多くの混乱を招いています。

スンナ派とシーア派はイスラームの二大宗派ですが、両者にはある種の棲み分けが存在しており、数世紀にわたって争いが表面化することはありませんでした。二十世紀においてイスラーム世界全体を揺るがした最大の対立はスンナ派内部の伝統派と復古派サラフィー主義者の対立であり、スンナ派とシーア派の争いではありませんでした。

ところが、一九七九年のイラン・イスラーム革命後、シーア派の復興が顕著になり、二十一世紀に入って、スンナ派とシーア派の対立が顕在化してきました。

私はカリフ制再興の大きな意味の一つは、スンナ派を一つにまとめることで、シーア派との共存のバランスをとることだと思っています。

もともとシーア派は少数派です。いまもムスリム全体で見れば、スンナ派が八割、シーア派は二割とマイノリティーな存在です。しかし、すでに述べたように、教義の上では、シーア派とスンナ派が和解するのは、ひじょうにむずかしいのが現実です。厳格なサラフィーであるワッハーブ派にとってシーア派は最大の敵であり、法学的にもシーア派はカーフィル（不信仰者）と見なされます。

一方、シーア派のほうもスンナ派を神学的にカーフィルと見なしています。現在のイランの多数派であるシーア派十二イマーム派の教義ではイマームを認めることがムスリムの条件です。つまり十二イマーム派以外はカーフィルです。スンナ派もシーア派も互いに相手をカーフィルと見なして、いがみ合ってきました。教義の上でも、歴史的な経緯の点でも、両派の和解はむずかしいといわざるをえません。

それでもこれまでなんとかスンナ派とシーア派が共存してきたのは、シーア派がマイノリティーだったからです。数の上でのマイノリティーであるだけではなく、勢力的にもスンナ派にかなわなかった。

しかし、イラン・イスラーム革命によってシーア派が力をつけ、イラク戦争後、イラクにシーア派政権ができたことで、シーア派の勢いが着実に増しました。さらに「アラブの春」でシリアが内戦に陥ると、アサド政権はイランとレバノンのシーア派に軍事的に依存するようになりました。このままだと域内外交でアメリカよりも強い立場に立つこともありえるでしょうし、そうなればスンナ派に勝ち目はありません。それだけではありません。これまではほとんどシーア派のコミュニティーが存在しなかったエジプトやインドネシアでもシーア派が存在を主張し始め、流血の争いが起きました。このようなシーア派の勢力伸張が、今日のイスラーム世界の混乱を招いています。

現実的に見て、私はシーア派がマイノリティーとしてマジョリティーのスンナ派に従属する形でしか、平和はないと考えています。そのためには世界中のスンナ派が一つにまとまらなくてはならない。ところが、いまは世界中のスンナ派が分裂していて、まとまっていません。これではシーア派との平和的共存はありえません。だからこそ、カリフを立てて、スンナ派が一つになる必要があるんです。

スンナ派が一つになれば、シーア派はスンナ派に対抗できなくなります。十二イマーム派には「タキーヤ」という教義があります。タキーヤとは「危害が加えられるおそれのあるときに信仰を隠すこと」です。

シーア派では、初代イマーム、アリーの時代をのぞいて、イマームたちはつねに同時代の為政者から迫害されてきました。為政者はイマームの簒奪者《さんだつしゃ》でした。そのため信徒たちは、信仰を隠して、為政者に干渉せずに生きることで身を守ってきたのです。

現在シーア派は勢いづいていますが、もしスンナ派が一つにまとまれば、さすがにかないませんから、身を守るためにもタキーヤを行うことは教義的にも正当化されます。とりあえずシーア派には十二代目の隠れイマームが再臨するまでタキーヤをつづけてもらうことで、スンナ派とシーア派との共存を図るというのが、いま考えられるもっとも現実的な手立てだと思います。そのためにもカリフ制が必要なんです。スンナ派の法学者は「雪だるまは反イスラームだ」などといっている場合ではありません。

スンナ派にとっても、シーア派にとっても、互いに相手が異端であるという教義は変えられません。しかし、それにもかかわらずスンナ派とシーア派は、キリスト教ヨーロッパにおける宗教戦争のような殲滅戦《せんめつせん》を起こすことなく共存してきました。現在シリアやイラクで起きているような、いきなり相手を殺してしまうという状況はまず変えなくてはいけない。そのために私は法学者としての立場からシーア派の研究を進めています。とりあえず、スンナ派にはシーア派への宣教を控えてもらい、自由に研究ができるような環境をつくっていくことが必要だと思っています。

価値観を共有できない相手との対話のために

スンナ派とシーア派との和解を進めようという動きはイスラーム世界の中にもないわけではありません。しかし、イスラーム世界の中にはたくさんのしがらみがあります。自分の属している宗派や部族や人間関係に縛られてしまう。そのため、具体的な和解工作にまでつながらないのが現状です。

その点、日本には目立ったしがらみがありません。状況は変わりつつありますが、欧米に比べれば歴史的遺恨もないし、地理的にも遠いので、イスラームの諸問題をオープンに考えるうえで恵まれたポジションにあります。カリフ制再興を欧米で口にすればば危険視されるし、イスラーム世界ではなおさらです。日本ほどカリフ制について自由に議論ができる国はありません。シーア派とスンナ派の共存についても、その間を取りもてるのは、日本くらいしかないと思います。

しかし、いわゆる宗教交流イベントのようなものでは意味がありません。日本でも、欧米でも、宗教交流イベントは頻繁に行われています。シーア派とスンナ派との対話、キリスト教とイスラームとの対話、仏教とイスラームとの対話などなど、宗教交流イベントはいまやブームといってよいほどです。

しかし、こうしたイベントが具体的になにか実をむすんだ例はほとんどありません。というのも、そのほとんどがイベント・ビジネスになっているからです。政府から金を引き出して、人を呼んで、イベントを張る。しかし、呼ばれる人はたいていいつも同じメンバーで、話される内容もいつも同じようなものです。「イスラームもキリスト教も同じ神を信じています。ともに平和を愛する宗教です」とか、「シーア派もスンナ派も同じムスリムです。仲良くしましょう」といった空疎な言辞を連ねるだけで、なに一つ現実的な成果は生み出しません。

この手の宗教交流イベントがダメなのは、共通点ばかりを挙げて、仲良くしましょうというだけで、ちがうところは無視しているからです。なぜスンナ派とシーア派がいがみ合っているのか、そのちがいをつきつめようとはしません。友だちになる必要はありません。そうではなく価値観を共有しない敵同士がどのように対話するかが問題なんです。それは交流ではなく交渉です。予定調和的にできるものではありません。

イスラームは、イスラームとほかの宗教とはけっして価値観を共有できないという前提に立ちます。しかし、それは価値観を共有しない相手とは対話も交渉もできないということではありません。

イスラームは早くも八世紀に、イスラーム法の正当性を認めない異教徒と共存するために「スィヤル」と呼ばれる戦時国際法を発展させてきました。西欧の国際法と違い、このスィヤルはアッラーの命令に基づくのでムスリムだけが拘束されます。異教徒に求められるのは、ただムスリムと結んだ協定を守ることだけです。価値観の共有できない相手を「悪魔」「テロリスト」と呼んで、いっさいの対話や交渉を拒み、殲《せん》滅《めっ》しようとする欧米の「テロとの戦い」とは異なり、言葉が通じ約束が成立さえすれば共存の道はあると考えるのがイスラームです。

タリバンを日本に招く

二〇一〇年、同志社大学を辞めてから私はアフガニスタンをしばしば訪れています。チェチェンやアフガニスタンなどで人道支援活動を行っているＮＧＯ「ダール・アズィーザ」（http://www.aziza.jp/）の代表として難民キャンプを訪れ、薬やテントや教材、現金などの直接支援を行ってきました。アフガニスタンは国際支援の対象となっていますが、実際にはそれが機能していない実態も多く見られます。

そうした活動の一方で、私はタリバンの学者たちとの交流を重ねてきました。最初に考えたのは、アフガニスタンに国際大学を作って彼らを教授に迎えようという計画でした。

タリバンは戦争をしているときこそ武器を手にしていますが、そうでないときはイスラーム学者です。一般の人びとが彼らの話を聞く機会はなかなかないので、国際大学という開かれた教育機関の中で、彼らに話をしてもらおうと思ったのです。そこに他のイスラーム諸国で自由な発言がなかなかできないサラフィー・ジハード主義者、さらに伝統派の法学者、西洋の学者らも招いて自由な討論ができるようにしたかった。価値観を共有しない敵との対話の場こそイスラーム世界には必要だからです。そこで日本政府にお金を出してもらって国際大学を作ろうと考えたのですが、だれも協力してくれませんでした。

二〇一〇年の六月には、同志社大学でアフガニスタンのカルザイ大統領（当時）と学生との対話集会が開かれました。その年の秋、当時アフガニスタンのカルザイ大統領の顧問をしていたサバウーン氏を日本に招いて参議院会館や同志社大学で話をしてもらいました。

その翌年には、タリバン政権で外務大臣を務めたムタワッキル師を日本に招いて、同志社大学の一神教学際研究センターで講演してもらいました。ムタワッキル師はタリバンの穏健派だった人物です。

師を京都に案内していたとき、個人的にも話をしました。金閣寺にも行きましたが、むしろ茶席でふるまわれた抹茶を喜んでいました。アフガニスタンは緑茶文化で、砂糖を入れないで飲むこともあります。

二〇一二年には同じく同志社大学一神教学際研究センターで、アフガニスタンの平和構築のための国際会議を開くことになりました。タリバン政権時代の駐パキスタン大使のザイーフ師、ヒズブ・イスラーミー（イスラーム党）のバヒール氏らを招くことが決まり、さらにタリバン時代の高等教育大臣ディィン・ムハンマド師を招くことにしました。私はタリバンがカタールに開いた事務所を訪れて、ディィン・ムハンマド師と会見し、会議への出席の約束をとりつけました。

この会議の話を聞いて、カルザイ政権の大統領顧問大臣のスタネクザイ氏も出席したいといってきました。政府側のスタネクザイ師は、タリバンやヒズブ・イスラーミーとは敵対する立場にいる方です。しかも、スタネクザイ氏は、前年に和平高等評議会のラバニ議長がタリバンの自爆テロによって爆殺された場にいっしょにいて自らも重症を負った方です。そんな敵同士の関係にあるタリバンとカルザイ政権側の人間が、同じ会議に参加するということは、きわめて異例なことでした。

会議に先立ってタリバンの一行の希望で、彼らを広島の原爆記念館に案内しました。彼らは原爆の悲惨さに心を痛め、平和を祈っていました。会議の翌日に、モロッコ料理屋で京都在住のムスリムの有志と食事をしました。タリバンと政府側の人間が、いっしょに食事をすることなど、本国ではありえません。この席には京都在住のムスリムたちも呼んだのですが、その中にアフガニスタンからの留学生もいました。タリバンと話をする機会などまずありませんから、貴重な経験になったのではないかと思います。帰りに彼らは大阪のヨドバシカメラで子供たちのおもちゃを買って帰りました。セーラームーンの人形とかガンプラの売り場を歩いていくタリバンの図はなかなか壮観でした。

この国際会議は海外にも報じられて話題になり、フランスでも真似して同じような会議を行おうとしました。しかし、フランスが西アフリカのマリに軍事介入したことで、できなくなってしまいました。しがらみのない日本だからこそ、できることがあるのだと思います。

ムタワッキル師とカブールで再会した時に、「じつは自分たちもカリフ制を望んでいる」といった話をされていました。

その後、カタールでタリバンの学者たちと話したところ、「シーア派との和解はむずかしいけれども、古典イスラーム学に立ち帰れば不可能ではない」と言っていました。

日本人がイスラームを学ぶ意味

最後になりますが、私のように改宗してムスリムになった者と、生まれつきのムスリムとでは、見ている世界にはちがいがあります。もともとムスリムであった学者はイスラームのことを知っていても、非イスラームのことはわかりません。貧乏を経験した人間でなければ、貧乏人の気持ちはわからないというのと同じで、信仰はわかっても、不信仰がなんであるかはわからないんです。

もちろん不信仰など知る必要はありません。知らないことになんの問題もないし、知っていることになんの意味もありません。ただ、生まれつきのムスリムは不信仰者相手に教えを説くことはできません。不信仰を知らない彼らが不信仰についていったり書いたりしていることは信用ができないからです。

じつはそこにしか、私の役割はないと思っています。私は改宗ムスリムなので、不信仰のことはよく知っています。もちろん信仰を知らずに不信仰を知っているよりも、不信仰を知らないで信仰を知っているほうがずっといいのですが、不信仰を知っていることで、より深く世界を知ることができるという側面もあります。

イスラーム世界から遠い日本は、イスラームを生み出した世界とは大きく異なる世界観を育んできた国です。たとえば「神」という言葉一つとってみても、イスラーム世界でいうアッラーと、英語でいうＧＯＤと、日本でいう神とでは意味するところがちがいます。

イスラームの第一信仰告白では「アッラーのほかに神はなし」と唱えるといいました。これはアラビア語では「ラーイラーハイッラッラー」です。最初の「ラー」が否定語で、次の「イラーハ」が神、「イッラッラー」が「アッラーのほかに」という意味です。この「イラーハ」が「神」を表す一般名詞で「崇拝されるもの」を表します。そこには偽の神もいるし、邪神もいる。それと別に「崇拝されるべき」神がいる。それが天地の創造者で、しかも善であるアッラーです。崇拝されるべきでないものを崇拝しているのが多神教です。

では、日本の神は「イラーハ」なのかというと、イスラーム的にはまったくちがいます。むしろジン（精霊）に近い存在と考えたほうがいい。ですから、イスラーム的には日本の神々は否定の対象にはなりません。

キリスト教の神も、よくわかりません。哲学者のニーチェの有名な言葉に「神は死んだ」というのがありますが、いったいどの神が死んだのかわからない。アッラー以外の神を否定してくれるのはいいことなので、それはなんらイスラームと矛盾しません。ニーチェの次にはイスラームに行きましょうということになります。神という言葉一つとっても考え方の枠組みがちがうのですから、われわれが見ている世界と、イスラーム的な世界とはすべてにおいて異なります。

つまり、イスラームを学ぶとは、世界とのかかわり方を知ることにほかなりません。自分がどういう枠組みで世界を見ているのか。それが見えないとイスラームは見えません。その意味で自分の文化の認識の枠組みに無反省なオリエンタリストにはイスラームがわからないだけではなく、自分自身さえも認識することはできません。彼らのやり方ではいくらイスラームに対する知識、情報を集めても、ただ自分の偏見、先入観を強化するだけであり、イスラームについても自分自身についても、本質的にはなに一つ新しいことを学べません。

じつはイスラーム学とはイスラームを知るための学問ではありません。イスラーム学は自分を知る学問です。テキストに接することで、どれだけ自分とちがうものを見出しうるのか、それを知るのがイスラーム学の意味だと私は考えています。ですから、イスラーム学者の書いたものがつまらないとしたら、それはイスラームがつまらないというより、それを書いているイスラーム学者の中身がつまらないからなんです。「ハディース」に「自分を知る者は神を知る」という一節があります。神を知ることと、自分を知ることとは一つなんです。

解説

ピラミッドのある世界とない世界

田中真知

本書はイスラーム古典文献学者のハサン中田考さんへのインタビューを語りおろし形式に構成したものである。だが、そもそものはじまりは中田さんがエジプトのカイロ大学に留学していたのと同じ頃にやはりカイロに住んでいた私との折りにふれた対話だった。湾岸戦争のはじまる前年にあたる一九九〇年のことだ。

近所に住んでいた中田さんは、個性的な日本人が多かった当時のカイロでもひときわ異彩を放っていた。いつもエジプト人が着るようなガラベーヤを着てショルダーバッグをたすき掛けにした中田さんは、ときどきふらりとうちに遊びに来て、いっしょに食事したり、とりとめのない話をしたりした。そして礼拝の時間になると「ちょっと失礼します」といって居間のすみでお祈りをするのがつねだった。

中田さんはその頃、中世のイスラーム法学者イブン・タイミーヤについて博士論文を執筆中だった。おもしろいんですか、と聞いたら、

「いやあ、つまらない、ものすごくつまらないです」とにこにこしていった。

「つまらないんですか？」

「そうなんですよ。でも、真理というのはおおむねつまらないものなんです」

でも、その「つまらない真理」を研究する中田さんの話は無類におもしろかった。イスラムを外側から知識で語るのではなく、その内側に入り込んで、その目で世界を

見ると、世の中はこんなにもちがって見えるのかとおどろかされた。話に夢中になって、気がつくと明け方近くになっていることもあった。

中田さんの部屋にもときどきおじゃました。壁を埋めつくす本棚には大量のアラビア語の本にまじって、少女マンガとプロレス雑誌がずらりと並んでいた。ときどき目つきの鋭い若いエジプト人がいることもあった。挨拶をすると、彼は遠慮してすぐに別室に入った。街場の人なつこいエジプト人とはずいぶん雰囲気がちがった。気にしなくていいですよ、彼は私の家庭教師なんです、と中田さんがいった。それが本書にも出てくるサラフィー・ジハード主義者のムハンマドさんだった。

あるとき中田さんに「宇宙人が地球にやってきたら、イスラームではどのように対応するんですか?」と聞いたことがある。

「まず宇宙人が食べられるか食べられないかを判断します」と彼はいった。

「食べられるか食べられないかですか……」

「そうです(笑)。それから宇宙人のところに預言者が遣わされていたかどうかを確かめなくてはなりません。遣わされていたら、それはムハンマド以前の預言者なので、その法は廃棄して、新たにムスリムになってもらいます。ただ、言葉がわからないかもしれないので、その場合にはまず教育をしなければなりませんね」

「はあ……」

そのときは冗談のように思われたものだが、その後うちに通っていたエジプト人メイドさんが、まだ幼かったうちの息子に動物図鑑を見せながら「これは食べられる、これは食べられない」といって教えているのを見た。なるほど、イスラーム的な枠組みでものを見るとは、そういうことなのかと思った。

九〇年の八月、イラクがクウェートへ侵攻した。早い段階で「これはかならず戦争になります」といっていた中田さんに、この際なので、イスラームやイスラーム世界について集中的に話をうかがうことにした。私自身はエジプトに暮らすようになる前にはスーダンを四ヵ月ほど旅していて、その前には北アフリカや中東を歩き回り、日本ではアラビア語を学んでいた時期もある。ふつうの人よりイスラームはなじみ深い世界ではあったものの専門家ではないし、わからないこと、理解できないことはたくさんあった。中田さんも「戦争になって世界が終わってしまうかもしれませんから、田中さんたちもイスラーム教徒になっておいたほうがいいですよ、そうすればちゃんと天国へ行けますから」といって入信の勧めもかねて、ていねいに話をしてくれた（結果的には入信しなかったことで中田さんをがっかりさせてしまったのだけれど）。

いまだによく「イスラームという宗教だけはどうもわからない」といわれるが、中田さんの話を聞いていると、それはイスラームの知識がないからというより、われわれ自身の考え方の枠組みそのものが、イスラームに対して排斥的にはたらきかける面があるからだということがわかる。いい悪いはさておいて自分たちが当たり前だと思っている考え方の枠組みが、いかに近代の西洋的な規範や教育に影響されているか。

たとえば、イスラームは宗教なのになぜ政治にかかわるのか、なぜ戦争にかかわるのか、といった言い方がされるが、それは宗教は政治にかかわるべきではない、戦争をするものではないという枠組みに基づいている。しかし、これは歴史的事実にも反するし、宗教が政治にかかわらずにいられるのは、その宗教が国家という枠組みを受け入れているからだ。

国家や民主主義、人権、自由、ヒューマニズムといった枠組みを前提としてイスラームを論じれば、いやおうなくネガティブな見方にならざるをえない面がある。そこから見るかぎり、イスラームは戒律や形式にこだわる窮屈で不自由な宗教だというイメージをぬぐい去れない。いくらイスラームについての知識が増えたとしても、その知識を位置づける枠組みが今までと同じならば、それは真の理解にはつながらない。

中田さんのイスラームについての見方に一貫しているのは、イスラームが神中心の宗教であるということだ。本書にも述べられているように「アッラーのほかに神はなし」とは、アッラー以外のすべてのものにいかなる権威も認めない、ということである。人はアッラーだけに隷属するものであり、それは逆にいえばアッラー以外のすべてのものから自由である、ということである。国家はもちろん、会社や団体や学校など、人為的に作られたあらゆる組織やイデオロギーに人は隷属する必要はない。その意味で、イスラームは人間の本源的な自由を、きわめてラディカルに肯定する。アッラー以外のものに権威を認めることは、なんであれ偶像崇拝にほかならない。問題は、そういうイスラームの本来的な姿から現実のイスラーム世界があまりに遠ざかってしまい、それを人びと（ムスリム自身もふくめて）がイスラームだと思いこんでしまっていることにあると中田さんはいう。

中田さんの語るイスラームは、ことさらに寛容さを強調して、西洋の価値観に歩み寄ろうとするような物分かりのいい世界ではない。むしろ、イスラームはほかの宗教とはけっしてわかり合えない、価値観を共有できないというところからはじまる。しかし、その視点がなければ、イスラームが宗教として形骸化してしまう、そんな根っこのようなものに彼はふれているのだと感じた。カイロで出会ったとき、中田さんが白樺派が好きだと聞いて意外な気がしたが、その後彼がカリフ制再興を唱えるようになって、イスラーム白樺派という言葉が頭に浮かんだ。しかし、白樺派の理想主義が西洋への憧れに由来する閉鎖的運動だったのとは対照的に、中田さんの説くカリフ制はイスラーム世界の内部に抱え込まれた西洋をアンインストールし、人や物を国家や国境という枠組みに縛られることなくオープン化していくダイナミックな理想主義だ。

近代西洋的な価値観においては個人の能力や行為の質が評価の尺度となる。個性を生かした活躍の場、能力を発揮できる場、そこに価値を置くのが西洋的な意味での自由な社会だ。たしかに、それは聞こえはよいけれど、逆にいえば能力や行為の質がつねに評価の基準になるわけで、能力も個性も発揮できない大多数の者たちにとっては存在を否定されるような重圧や脅迫観念がともなう。日本を覆う重苦しい空気の原因も、その辺にかかわっているように思う。

イスラームでは女性は抑圧されているといわれることがあるが、むしろたえず自分の価値や能力を高める努力をしないと存在を許されない西洋の女性もまた別の意味で抑圧されているのではないか。表面的な印象ではあるが、旅のさなか、またカイロ生活で出会ったイスラーム世界の女性は本当に生き生きしていたし、存在感があり、自然な意味で個性的だった。

おそらく西洋的価値観と比べた場合、イスラームを特徴づけるのは、その人間がムスリムであるという理由だけでとりあえず肯定され、尊重されるという懐の深さであるように思う。イスラーム世界を旅していてほっとするのは、そのせいかもしれない。なにかを考えたから、なにかを達成したから、なにかを作ったからその人間に価値があるという見方をイスラームはしない、と中田さんはいう。そのことを中田さんはカイロにいた頃から身をもって実践していた。できない人、しない人、だめな人、弱い立場にある人に対して彼はいつもやさしかった。

そこは西洋からすれば反発を招くところかもしれない。人間の営みや能力に価値を見出さないとはなにごとかというわけだ。しかし、イスラームの立場からすれば、人間の営みに価値がないのではなく、それが最終的な価値ではないという点こそが重要なのだ。

何夜にもわたったカイロでのインタビューは雑誌に連載することになったが、一回目を掲載したところでその雑誌（『月刊アーガマ』一九九五年五月号、特集「中東事變」）が休刊してしまった。その後、イスラーム世界をめぐる動きはあわただしくなり、中田さんに話のつづきを聞きたいと思っている間にじつに四半世紀が過ぎた。その四半世紀はその少し前の東西の冷戦の終結に端を発する世界の激変の時代だった。湾岸戦争、9・11、イラク戦争、アラブの春、シリア紛争、そしてイスラーム国の台頭。その間に中田さんは山口大学の助教授を経て、同志社大学神学部の教授になり、インドネシアで国際カリフ会議に参加したりされていたが、奥さまをご病気で亡くされた後、大学を辞められた。その後、アフガニスタンへ行ったり、タリバンを日本に招いてシンポジウムをされたり、「放浪のグローバル無職ホームレス野良博士ラノベ作家」としてカリフ制再興を目的とする会社を立ち上げられるとともに、できるかぎり正確な『クルアーン』の日本語訳を出版したいとして翻訳を進めておられた奥さまの遺志を継いで教え子の方たちの協力を得て『日亜対訳 クルアーン』（作品社）を出版されたりした。

いま、中田さんはどんなことを考えているのかと思っていたところ、今回、ふたたび集中的に話をうかがう機会がやってきた。イスラームとはなにか。どうしてムスリムになったのか。カリフ制再興とはなにか。個人史的な話もふくめて語ってもらい、それをまとめたものが本書である。必要に応じて、カイロでのインタビューや、これまで中田さんが書いたり、話したりしたこともまじえて構成した。カイロ以来の念願だった中田さんの話をまとめることができてほっとしている。

余談だが原稿をまとめているさなか、宮崎駿監督のアニメ『風立ちぬ』を観た。大正から昭和初期にかけての美しい飛行機に魅せられて設計技師となった主人公・二郎の青春の物語だが、二郎が夢の中で、イタリアの飛行機設計者のカプローニと交わす会話がある。カプローニは二郎にこう訊ねる。

「きみはピラミッドのある世界とピラミッドのない世界と、どちらが好きかね」

「ピラミッドですか」

「空を飛びたいという人類の夢は呪われた夢でもある。飛行機は殺戮と破壊の道具になる宿命を背負っているのだ。それでも私はピラミッドのある世界を選んだ。きみはどちらを選ぶね」


これに対して二郎は「ぼくは美しい飛行機を作りたいと思っています」と答える。ピラミッドのある世界とはなにか。それはピラミッドのような途方もない夢に莫大な予算を投じられる財力と、計画を遂行する強大な権力に支えられた社会ということだろう。その夢の実現こそ人類にとって価値のあることで、そのためには庶民が殺戮や破壊などの犠牲を被ることになってもやむをえないとする。それは西欧の帝国主義そして資本主義が歩んできた道といえるかもしれない。

だが、中田さんが唱えるカリフ制とは「ピラミッドのない世界」なのだと思う。そこは特権的なだれかの美しい夢のために、立場の弱い多くの人たちが犠牲になることのない社会だ。それは見果てぬ夢かもしれないし、たとえ実現できたとしても退屈な世界かもしれない。美しい飛行機もピラミッドもそこにはないのだから。けれども、地球のどこかに、そういう世界があれば救われる人たちもたくさんいるのではないかと思う。

本来イスラームが目指しているのは、一部のエリートのためではなく万人のための世界なのだろう。その点に関連して、宗教的救いや自己実現、芸術などをめぐる中田さんの話をこのあと対話形式のまま紹介したい。まだ中田さんがカリフ制再興を唱える前のエジプト留学時代のインタビューの一部である。

また、それに引き続いて、ムスリムに改宗した中田さんの教え子の方たちへのインタビュー「教え子が語る中田考」を紹介する。教え子の視点から見た中田さんという人物、中田さんの教え子たちへの向き合い方、ならびに日本人ムスリムのイスラームに対する向き合い方を知るための一助となればと思う。

悩みに価値を見出さない

——イスラームがわかりにくいのは、日本人にとって宗教が悩みや苦しみなど、心の弱い部分のサポートや癒しを司《つかさど》っているというイメージが強いせいもある気がします。人生のもろもろの不幸や苦しみにどう向き合えばいいのか。そういう動機から仏教やキリスト教へ入っていく人は少なくないと思うんですが、イスラームについては、そのようなイメージを抱きにくい。実際はどうなんでしょう。

中田　子供が死んだり、お金を失ったりするのは、アッラーが決められたことです。ムスリムにとってこの世の不幸は天国で報われるものです。これでは慰められませんか（笑）。

——いや、天国へ行けるかどうかの問題ではなく、今を生き抜いていく力が必要なときに、それを与えられるかどうかということです。

中田　礼拝すればいいんです。この世で救われなくても、そうすれば天国で救われます。この世で救われなくたっていいんです。

――でも、慰めが必要とされるような悩みとは、あの世ではなく、今ここが問題のはずです。人間は嫉妬とか憎悪とか恐怖とか怒りといった暗いもので自分をさいなんでいることが多い。そうした葛藤が増幅して、さらに不幸を呼び寄せる。イスラームにおける救済とは結局、最後の審判における救いですよね。悩んでいるとき、いきなり天国を持ち出されても本人はなかなか納得できないんじゃないかと思うんですけれど。

中田　悩みというのは個々のケースでちがうと思いますが、そもそも礼拝もできない人間にどうしろというのですか。

――たとえば仏教だと苦そのものの構造を見つめなおすことで、苦から解放されるという発想がありますね。キリスト教でも懺悔《ざんげ》のような形で個人の悩みにアプローチする手だてがある。イスラームではそういう視点がどうも見えてこないのですが。

中田　思い悩むこと自体に価値を見出すのがおかしいんです。思い悩むこと自体が病なんです。悩んでも状況が変わらないのなら悩んだってしょうがないでしょう。悩みから脱却しなくたっていいんです。悩みに対しては、仏教だってキリスト教だって教義として対処しているわけではなく、むしろそれを説く人の人格に由来するものでしょう。どんな教義であれ、それを説く人がかわいい女の子だったりすれば、苦しみも軽くなったりする（笑）。あるいは悩んでムスリムになった人が、いきなりジハードの最前線に送り込まれたとしたら悩んでいる暇などありません。悩みの解決に即効性を求めるなら、そうなります。もし口でなにかいわれて解決するのなら、たいした悩みではありません。悩むことに意味があると思うから現代人は悩むんです。西洋の悪影響です。悩むことに意味などありません。むしろ問題は救済を信じていないことのほうです。エジプト人を見てみなさい。日本人よりずっと質素で貧しい暮らしをしているのに、くよくよ思い悩んだりしません。個人的な悩みなんて取るに足らないことです。

——でもエジプトでも聖者崇拝は盛んですよね。それは聖者の力にすがって救われたいという気持ちの表れではないのですか。それとエジプトやスーダンには女性を中心としたザールというジン（精霊）祓いの儀礼もありますよね。香を焚きこめた部屋の中で太鼓の激しいリズムに合わせてトランス状態になって踊り狂う。あれは音楽や踊りによる癒しの儀礼で、一種の集団セラピーともいえなくもないですよね。その場の参加者に訊ねると、ザールをするとアッラーや預言者の恩寵があるという話でした。

中田　ザールはイスラームとはまったく関係ありません。ザールをやって救われるというのは迷信です。

――そのとおりだとは思いますが、礼拝のようなムスリムの義務だけを果たしているだけでは安住できない部分があり、イスラーム的な規範の中に還元しつくすことのできない悩みや葛藤があるがゆえに、彼らは聖者の墓を詣で、ザールに出かけるのではないでしょうか。それは人間にとって当たり前の心のあり方とはいえませんか。ザールの参加者の大半は女性ですね。そこで彼女たちは家では吸えないタバコを吸い、感情を解放して、すがすがしい顔で帰っていく。ザールはまさに規範から外れた部分の受け皿のような気がしました。そういうセラピー的な役割は評価してもいいようにも思うのですが。

中田　おっしゃるとおり人間には規範からはみ出す部分はあるでしょう。それはかまわないんです。悩みや葛藤もあってもかまわない。けれども、それを解決しなければならないというものでもない。むしろ悩みや葛藤を解決しなくても生きていけるのがイスラームなんです。悩みや葛藤を克服して進んでいかなくてはならないという発想のほうが、どれだけ窮屈かわかりません。たえず悩みに打ち負かされそうになりながら受け皿を求めてさまよいつづけるほうがずっと窮屈です。

自己実現というエリート主義

――日本では宗教には悩みの解決という側面に加えて、自己成長や自己実現といった面も期待されている面がありますね。イスラームではそのあたりは、どう考えられているのですか。

中田　スーフィズムにはそうした発想がないわけではありませんが、オーソドックスなイスラームには自己実現という発想はないですね。自己実現に価値を置ける社会というのは結局、裕福な社会です。いったい、いまの世の中で、どれだけの人間に自己実現などということが可能でしょう。欧米や日本の一部の人たちだけですよ。そのほかのほとんどの人たちは生活するだけで精一杯で、自分のくだらぬ悩みなんかに浸っている暇なんてありません。自己実現とは、私にいわせれば、百匹の羊のうち優秀な一匹を救わんがためにほかの九十九匹を犠牲にしてしまう考え方です（「マタイによる福音書」第18章）。自己実現に価値を置く以上、その人の個性なり能力なりによって人間が評価される。つまりエリート主義です。それは西洋の局所的な状況から生まれた考え方にすぎません。それを普遍化するのは傲慢という以外にありません。イスラームの目指す方向はまったく逆です。よしんば一匹の優秀な羊が犠牲になろうとも、ほかの九十九匹を救済するものです。イスラームのすごさは万人のための教えである点です。

――個人の内面に芽生えつつあるものを歪めずに育てていくことが、そんなに悪いことでしょうか。日本の教育では外から規制を与えて個性を摘みとってしまう教育が問題視されていますよね。

中田　イスラーム的観点からすれば、日本の教育の問題点は、没個性的とか画一的といった点にあるのではありません。日本のみならず、あらゆる教育の最大の問題点はなにか。それは内的な整合性がないことに尽きます。なぜ学校へ行くのか、なぜ勉強しなくてはならないのか、なぜ親のいうことを聞かなくてはならないのか、なぜ友人と仲良くするのか。そういうことに関して、いまの教育はなんの根拠づけもできない。それが問題なんです。その点に関して、正しい根拠づけができるのはセム系一神教だけです。ただし、ユダヤ教、キリスト教にはその基礎はあるものの、イスラームだけがシャリーア（イスラーム法）という形で包括的なプログラムを提出できるんです。「善いこと」とはアッラーの意思にかなうこと、「悪いこと」とはアッラーの意思に背くことです。要はその一点です。セム系一神教以外の宗教は、仏教であろうとなんであろうと、こうした善悪の根拠づけはできません。

——善悪の根拠づけの問題はさておいても、それぞれの人間の中にひそんでいるその人ならではの持ち味を引きだすことは教育のテーマにはなりませんか。外から型にはめるという性悪説的な発想ではなく、内面的な可能性を引きだすという性善説的な発想というのはないのでしょうか。

中田　それこそエリート主義ではないでしょうか。眠っている個性を目覚めさせることに価値を見出すのだとしたら、いまのままの人間は無能ということになりますね。引きだすことができた人間はエライ、それができない没個性的な人間はダメというのは能力主義です。エリート養成のためのシステムならそれでもかまいませんが、けっして万人のためのシステムにはなりえません。性善説というより、むしろ裏返しの性悪説ではないでしょうか。もし人間が性善ならば、そのままであろうと、びしびしやろうと人間は善くなっていくはずです。個性というのはべつに引きださなくても自然に現れるものです。人間が一人ひとり違うのは当たり前ですからね。問題はそこに価値の物差しを当てることです。個性そのものにはなんの優劣もないのに、それを重視した瞬間に、個性はその人間の能力を測る物差しになる。おのずとそこにはエリート主義が生まれてきます。個性重視という発想は、教育や学校に比重をかけすぎている西洋型のシステムの歪みのもとに生まれた考え方です。

——ということは人間の側の努力には意味がないわけですか。

中田　そんなことはありませんが、特別な努力なしに救いを求める者にはだれにでも救いの道が開かれているのがイスラームなんです。仏教や神秘主義のように個人の意志的な努力とか、天才的な才覚に依存するシステムではありません。天才がいないわけではないんですよ（笑）。必要としないだけなんです。自分で真理に到達することなしに、真理自体が人間を支えてくれる。それがイスラームのすごさだといえると思います。人間の存在する意味は、イスラームからすればただ一点しかありません。それはアッラーを賛美することです。

こういう話をすると、だからイスラームは窮屈なんだとか不自由なんだという人がいますけれど、それはたんに人間的な反応であって神の意思とは関係がありません。逆にいえば、個人が意志的に努力したり修行したりしなければ救われないシステムのほうがどれだけ不自由かわかりません。結局、それはエリート主義です。個人が意志的に霊性を目覚めさせなければ救われないのであれば、救われたくても能力がないばかりに救われない人が必ず出てくる。そのほうがどれだけ不当で無慈悲な話かわかりません。イスラームでは、なにかができるから、なにかを行ったからその人間に価値があるという見方はしません。

芸術から価値を奪う

――もう一つ、イスラームについてなかなか理解しにくい点として音楽や絵画がいけないとされている点があると思います。その根拠はなんなのですか。キリスト教世界では芸術は神に捧げられるという形で発達してきた面もありますよね。芸術行為が神を讃えることになりうる場合もあると思うのですが。

中田　芸術に意味がないといっているのではありません。たしかに芸術によって魂が深められることもあるでしょう。でも、その方向がともすれば神の方向に行かずに、神とは反対の悪へと向かうこともある。神に近づくには芸術でなくても、もっとよい方法であるシャリーアがある。にもかかわらず、芸術をとくに重視する風潮が問題なんです。

――芸術そのものが問題というわけではないのですか。

中田　芸術そのものというより、芸術という考え方の枠組みが問題なんです。イスラーム世界には、今でも芸術という概念はありません。日本でも「芸術」という用語が一般化したのは明治時代の翻訳文化の中です。芸術という領域が独立した概念として生まれるのは、それぞれの文化の文脈の中においてです。西洋のように「芸術」という部門が独立した位置を占めているほうが特異なんです。

――たしかにイスラーム世界でも日本でも芸術という枠はなくても、工芸や民芸は人びとの生活と一体化して、日常生活を豊かに彩るものとしてありましたね。それに対して西洋の芸術概念は日常生活から離れて、それ自体が純粋芸術（ファイン・アート）として存在していますね。

中田　問題はそこなんです。日常の中から芸術という枠組みを突出させて、それに価値を与えることが問題なんです。たとえば絵を実際に描くことはかまいません。問題は、描かれたものに社会的価値を与えることにあります。学校で芸術を教えることの問題はそこにあるんです。学校では絵の描き方とか、笛の吹き方を教えるだけではなく、それらを通じて「芸術はすばらしい」とか、「芸術には聖性がある」という枠組みをも与えてしまう。「これはすごいことなんだぞ」という意味を与えてしまう。それがまずい。イスラームでは、すべての価値はアッラーに属します。芸術を賛美する風潮が問題なのは、アッラーを離れたところに価値を求めるからです。芸術は虚構です。その虚構性に価値を見出そうとすることがまちがいなんです。

——それでもなにかを創り出したいという衝動は、たとえていえば植物が発芽するような自然の法則に近いものではないでしょうか。できあがった作品に価値があるのではなく、それを生み出すプロセスを大事にすることに意味がないとは思えないのですが。たとえば、モーツァルトはべつに芸術をしようとして作曲をしたわけではなく、内から迸《ほとばし》るような霊感があって、それをただ譜面にしただけではないでしょうか。そういうのも否定されてしまうのですか。

中田　否定するわけではありません。むしろ価値を奪うということです。だいたい、どれだけの人間がモーツァルトやベートーヴェンの音楽を本当にすばらしいと思って聴いていると思いますか。いないとはいいません。でも、そのすばらしさのわかる少数の人間に合わせて、ベートーヴェンには価値があるとするのは、結局、ベートーヴェンのわかる人間とわからない人間を差別していくことになります。そういう考え方が傲慢なんです。芸術という発想にはそういう危険性がある。もちろん、最初は芸術だって聖なるものの象徴を見ていたでしょう。ところが長期的に見れば、どうしても世俗化・堕落を生み出す。

なんどもいっていますけど、イスラームは万人のための教えです。だれもが芸術家になれるわけでもないし、だれもが芸術を理解できるわけではない。にもかかわらず、その特別な領域にあたかも普遍的であるかのような価値を与えていくのがまちがいなんです。食べるものもなく貧しく困っている人たちに、個の表現とか芸術などといっても見当ちがいです。イスラームは芸術を否定しているのではありません。少数の人にしか可能でない芸術という形ではなく、万人にとって可能な神を讃える方法を提示しているということです。

——しかし、イスラーム法（シャリーア）では音楽はよくないとされていますよね。

中田　歌舞音曲は禁止（ハラーム）ではなく忌避（マクルーフ）されるものとされています。とくに管楽器がよくないとされています。でも問題は、絵を描くとか、音楽をするという行為自体というより、それがアッラーに対する不服従であると考えず、居直ってしまうことにあります。すべての価値をアッラーに帰さないことがよくないのです。音楽をしたから地獄行きというわけではありません。シャリーアは、人間の目にもはっきり判断できる善悪の決め手を示したものであって、それに違反したから地獄行きというものではない。最終的な判断はアッラーの手に委ねられている。だから歌いたいときには歌えばいいし、踊りたいときには踊ればいい。「ああバカなことだ」と思って、そうするのはかまわない。私も少女マンガは好きですしね。そこになにか特別な価値を見出そうとすることが問題なんです。

――ここにムハマンド・ハミードッ＝ラーというムスリム学者の書いた『イスラーム概説』（黒田美代子訳、イスラミックセンター・ジャパン）という本がありますが、その中の「芸術」という項目にはこう書かれています。「クルアーンは諸学問にたいすると同様、ムスリムに積極的に芸術を発展させるよう促している。儀礼のさいのクルアーンの朗誦は、音楽に新たな分野をもたらした。……人間は美術にたいする趣向を生れつきもっている。他の生得の才能に関すると同様イスラームは、芸術的才能を中庸の精神をもって発展させようと試みている……」これを読むかぎり、イスラームにも芸術を奨励しようという姿勢が感じられるのですが。

中田　その本は全体的に見て悪い本ではないのですが、問題はイスラームが異教徒の目にもすばらしく映るはずだという確信に基づいて書かれている点にあります。そうではないんです。映らないんです。イスラームは異教徒の目には美しく映らない。それがムスリムになると感性が変わる。ムスリムになって初めてイスラームがすばらしいものに映ってくる。感性と論理が一致するんです。しかし、実際のところ、それはひどくむずかしい。論理的にやってはいけないことを善いと感じてしまう感性、それが変わらなければ意味がないんです。その辺がイスラーム世界に生まれ、生まれたときからムスリムとして育った学者にはわからないんです。「美術にたいする趣向」と彼が呼んでいるものは、ムスリムにとっては芸術の趣味などではなく、美の源泉たる神への愛であり、宗教心なのです。

教え子が語る中田考

下村佳州紀
一九七五年東京都生まれ。東洋大学社会学部社会学科卒業。アブン＝ヌール学院（在ダマスカス）客員研究員、在イエメン日本国大使館専門調査員、在シリア日本国大使館専門調査員、同志社大学一神教学際研究センター共同研究員等を経て、現在黎明イスラーム学術・文化振興会代表理事。『日亜対訳クルアーン』（作品社）共訳者。

――中田さんとは二十年近い付き合いなんですね。

一九九四年頃、大学一年生のときに東長靖先生（現・京都大教授）にご紹介いただいたんです。東長先生は中田先生と東大のイスラム学科の同級生でスーフィー研究を専門とされている方です。当時、東長先生は東洋大で教えておられて、その授業が好きでイスラームに興味を持ったんです。今から思えば相当にご迷惑だったようにも思いますが、研究室を幾度となく訪れては、学問のイロハに始まって卒論まで、ずっと丁寧にご指導いただきました。

また、さまざまな先生方を紹介してくださって、そういった方々にも大変お世話になりました。今でもそうかもしれませんが、当時、イスラームや中東関係の研究者には、来るもの拒まず去る者追わず、ようこそ、ようこそという伸びやかな雰囲気がありました。

あるとき東長先生が「中田という知り合いと会う」というので少々無理をいって同席させてもらいました。中田先生が共訳したイブン・タイミーヤの『シャリーアによる統治』（日本サウディアラビア協会）という本を読んでいたので、お名前は知っていました。中田先生の話が面白かったので、それから個人的にイスラームのことについて教えてもらうようになりました。

――どんなふうに面白かったんですか。

哲学や理論的な話が中心だったんですが、そのイスラーム観に惹かれたのが大きかったです。イスラームは、人間による人間の支配を否定します。理解と納得こそが重要であり、わけのわからない権威や人に盲従する必要はない。そこに共感しました。

私も感情や考え方を人にコントロールされるのはいやだったので、イスラームはそうではないのだと知り、しっくり来るものを感じました。ただ、私は研究者になりたかったので、初めはムスリムになることは考えていませんでした。

――ムスリムになろうと思ったのはなぜですか。

中田先生に「面白い研究をしようと思うんならムスリムになったほうがいいよ。四六時中そのことばかり考えることになるからね」といわれたんです。なるほどと思いましたね。イスラームは組織や教団に入るという感じはありません。入ったら、この人のいうことを聞かなくてはいけない、というのもない。それならいいかなと思いました。

そのとき中田先生に「一神教に興味あるなら、キリスト教やユダヤ教も考えてみる？」ともいわれたんです。でもイスラームのほうが楽そうなんです。ユダヤ教は律法とかややこしいし、キリスト教は三位一体がどうしても納得いかない。そんな話をしていたら「じゃあ、イスラームがいいんじゃない」といわれて、わりと軽い気持ちで入りました。

それに預言者ムハンマドが、とても懐が深くて、弱い人間に対して寛容な人だったのも気に入っていました。こういう人が説いたものなら、きっといいものだろうと思いましたね。中田先生も「礼拝しなさい」とか、そういうことはいっさいいいません。

生来好奇心が強いので、ムスリムにどんな人たちがいるのだろうと思って会いに行ったりしましたが、あとはそれまでどおりの日常生活が続きました。人間は年を経るとともに少しずつ変化し、成長していくものではないでしょうか。幼稚園に入る前と後ではちがうし、小学校から大学まで、それぞれ変化と成長のきっかけになると思います。人との出会いもそうですし、その最たるものは結婚だったりします。日本では十分な就業経験がある人を社会人と呼びますから、仕事が人格形成に与える影響は特に日本社会では大きいと思います。そしてこれらはすべてきっかけにすぎないので、それを生かすも殺すも当人しだいのように感じます。もちろん、程度の問題ではありますが。一見無駄な経験があとで生きてきたりもしますから、人生は不思議だと思います。ムスリム、非ムスリム問わず、多くの方にかわいがっていただいたのは本当にありがたいことでした。

――中田さんとは『クルアーン』の翻訳もいっしょにされているんですね。

そうですね、でも、これまで先生と考え方のちがいからなんどか断交しているんです（笑）。私も頑固だし、先生も頑固ですからね。中田先生と長年にわたって付き合える人はそう多くない気がします。中田先生は空気を読まないし、読めない。「裸の王様」という童話がありますよね。あの中で、「王様は裸だ」と叫んでしまう子供がいます。先生はあの子供なんです。同時に、みんなから笑われていても堂々と歩いていく王様もまた先生なんです。その両面を持っている。「王様は裸だ」と叫ぶ子供も、王様自身も、ともに純粋で本質をついているし、学問の世界ではそれは大切なことなんです。ただ、本質をついているからといって、それがそのまま現実に適用できるわけではありません。学問の世界を現実の世界に適用するには何重もの壁があります。まわりに理解してもらうための工夫や知恵も必要です。でも、そこに気を遣いすぎると破壊力がなくなる。いわば中田先生は「劇薬」なんです。

――劇薬ですか（笑）。

そう、使い方をまちがえると危ない。経歴が立派だから、いっていることも立派でまちがいないんだろうと思いこんでしまうのは危険なんです。そもそもイスラームでは預言者以外に無謬性を有する人格はありません。もちろん、だれも気づかない視点を与えてくれるという意味ではすばらしい。反論できるだけのイスラームの学識がある人もいません。実際、中田先生の近未来予測はよく当たるんです。タリバン政権が空爆を受けて崩壊したといわれていたとき、中田先生は「あれは戦略的に撤退したんです」といっていました。本当かなと思っていたのですが、いまだに粘っています。そういう理論家・分析家としてはたいへん鋭い方です。

だからといって、「そうなのか」と思って鵜呑みにしてしまうと真意をつかみかねます。もともと先生は本に埋もれて暮らしてきた人でその成果も相当なものです。研究実績を紐解くだけで一苦労です。何気ない一言でも、これだけの蓄積を背景とした独特の世界観の一部です。ですから、反論するのも容易ではないのですが、時折、思わぬ大きな見落としもあります。学問ではまちがいは必ずしも悪いだけではなく、それをきっかけとした新たな進展もありえますから、完璧な理論を提示しようという意図はそもそもないのでしょう。いわば出発点なのです。

だからこそ、先生の話を聞いて自分の中に生じた違和感をだいじにすべきなんです。私はそうしてきました。そして、そのことは本人もわかっているでしょう。イスラームではだれにも盲従しなくていい。その言葉が自分自身にもあてはまることを中田先生自身、いちばんよく知っていらっしゃると思います（笑）。

松山朋子
一九八一年生まれ。同志社大学大学院神学研究科修士課程修了。

——松山さんは山口大学で中田先生の講義を受けたんですね。

教育学部国際文化コースというところだったんですが、その担当が中田先生でした。初めオリエンテーションで会ったときは、目がすわっていて、どす黒い空気がまとわりついているようで、かかわらないようにしようと思いました（笑）。

——それがどうしてかかわることになったんですか。

あるとき課外授業に私用で出られないことがあり、どうすればいいかと先生に聞きにいったんです。そしたら「レポートを提出するか、うちでご飯を食べるか、どっちか選びなさい」といわれ、ご飯を食べに行きました。家には先生の奥さま、知り合いの日本人や外国人ムスリムがたくさん来ていて、みんなでアラブ料理を食べたんです。大学に入るまで萩市の田舎しか知らなかった私には、こんな怪しい世界があるのかとカルチャーショックでした。それが最初です。二年になったときに、なぜか勝手に中田ゼミに配属されていて、それからいろんな話をするようになりました。

――どんな話をしたんですか。

イスラームの話はあまりしませんでしたね。ただ、先生には、おまえはバカだといわれつづけてきました。バカだ、なにも考えていない、と三年間いわれてきた（笑）。たしかに、そのとおりだったんですが、ふつうの先生は、生徒がバカだと思ってもバカだといわないで、あたりさわりないことをいいますよね。でも、中田先生は感じたことをありのままにいう。それで自分がどう思われても気にしない。自分の立場が悪くなるから、こういうことというのはよそうとは考えない。いい人ぶって近づいてきて相手を利用する人っていますよね。でも、中田先生は人を自分のために使わない。というか、空気が読めないんです。奥さまもそういうタイプの方でした。こんな大人がいるのかと、それもまたカルチャーショックでした。

――ゼミでのテーマはなんだったんですか。

よく覚えていないんですが、二年の夏休みに一ヵ月、外国に行くということになっていてエジプトに行きました。先生にはトルコが安全だからと勧められたんですが、私はどうせなら面白いところと思ってエジプトを選びました。カイロで先生の知り合いのご家庭にホームステイしたのですが原理主義の一家でした（笑）。エジプトはとても面白かったんですが、カルチャーショックという点では大学に入ったことと、中田先生に会ったことのほうが大きかったです。

――ムスリムになられたきっかけは。

先生と仲良くなって、お宅によくおじゃまするようになって、奥さまからアラビア語を習ったり、『クルアーン』を教えてもらったりしていたんです。イスラームはいいなとは思っていたのですが、なろうという気はありませんでした。でも、四年生のとき、奥さまにガンが見つかったんです。それがすごくショックで悲しかった。

中田先生も奥さまも、人として正直で、これまで生きてきて出会ったことのないタイプの人たちでした。それなのに、こんなに元気な奥さまがガンになって死ぬかもしれない。そう思うと、なにも考えずに生きてきた自分が、この先どうやって生きていけばいいか真剣に考え、これは今なるしかないなと思った。そこで先生と奥さまがいっしょのときにシャハーダ（信仰告白）したんです。

山本直輝
一九八九年岡山県生まれ。同志社大学神学部卒業　京都大学大学院アジア・アフリカ地域研究研究科グローバル地域研究専攻博士課程在学中。
主要著作・論文
『日本でイスラームの精髄を生きる―ナーブルスィーと共に―』日本サウディアラビ

ア協会、二〇一三年
“Understanding the Multidimensional Islamic Faith through ‘Abd al-Ghanī al-Nābulusī’s Mystical Philosophy.” al-Jami‘ah 51, vol. 2, pp. 389-407, 2014.
「イスラーム神秘主義における罪と悔悟―アブドゥルガニー・ナーブルスィーの存在一性論―」『一神教世界』5号、pp. 102-120、二〇一四年

――山本さんは同志社大学神学部最後の弟子だとうかがっていますが。

中田先生のことは知らなかったんです。入学したときはキリスト教の勉強をしていて、イスラームには興味がありませんでした。ところが、大学の図書館で、たまたま手にしたイスラームの本にとても感動したんです。『やさしい神さまのお話』（ムスリム新聞社）という本です。そのあとがきを書いていたのが中田香織先生という方でした。どうしてもこの人に会って勉強したいとそのとき思いました。あとがきには、自分は病気療養中で、夫が中田考といって同志社大学に勤めているとも書いてありました。

そのとき初めて気づいたのですが、イスラームの基礎科目で私は中田先生の講義をとっていました。そこでメールを送って、奥さまの本を読んでとても感銘を受けたと

書きました。すぐに返事が来て、大学近くの喫茶店で先生と会って話をしました。

そのとき中田先生は「妻の本を読んでイスラームに興味を持ってくれてとてもうれしい。残念ながら、妻は亡くなってこの世にいない」といいました。ショックを受けました。奥さまは前の年に亡くなられていたんです。でも、そのあと先生がこういいました。

「自分は妻がどこへ行ったかずっと考えていた。でも、あなたは知識という形で妻の命が続いていることに気づかせてくれた。だから、あなたを同志社大学の最後の生徒として責任を持ってイスラームを教えます」と。

それから学校以外にアラビア語やイスラームのことを喫茶店や自宅で教えてくれるようになりました。

――その『やさしい神さまのお話』という本にどうして感銘を受けたんですか。

個人的な話になりますが、高校のときに病気をして手術をしました。そのとき「自分はなんのために生きているのか」「どうしてこんな苦しい思いをするのか」と考えるようになりました。「なんで自分が？」というふうに自我が肥大して悩んでいました。

ところが中田香織先生の本では、神さまがいれば自分はいなくてもいいのだと書かれていた。「なんで自分が？」と思わなくていいのだと。それを読んで、すっきりと心の荷が下りた気がしたんです。

ふつうのイスラームの本だと、「神さまのためにいい人にならなくてはならない」とか、あるいはメディアでいわれているみたいに「イスラームは戒律の宗教である」という束縛のイメージがあるのですが、中田香織先生の本では「神さまのために生きるのであれば、自分のことはそんなに考えなくていい」と説かれていた。その考え方が二十歳頃の自分には驚きでした。そういうふうに生きられることを教えてくれる宗教なら勉強したいと思ったんです。ムスリムになろうというのではなく、イスラームの考え方を知りたいと思いました。

――どういう指導を受けたんですか。

『やさしい神さまのお話』は、ナーブルスィーというオスマン朝のダマスカス出身のイスラーム学者が書いた思想書を中田香織先生がわかりやすく書き直したものです。中田先生は、それならナーブルスィーの古典の勉強からはじめたらどうかといって、アラビア語とともに古典的なイスラーム学を教えてくれました。イスラーム学をやるんなら本気でしないといけないからということで、なかなかスパルタでした。ただ、イスラームの勉強はしていても、それで食べていく気はまだありませんでした。

――それなのにムスリムになられたのは、どうしてですか。

二年生の夏休みに、中田先生に、アラブを体験したほうがいいといわれて、カイロの語学学校を紹介されたんです。一ヵ月ほどの滞在でしたが初めてのアラブ体験で、けっこうストレスを感じました。同じ時期に中田先生もカイロに来られました。滞在の終わりごろに先生とアズハル大学のアリー・ジュムア師の許をいっしょに訪れました。

そのとき「つらいことはあっても、神さえいればいい」と思って、シャハーダ（信仰告白）しました。帰国して、数ヵ月足らずで「アラブの春」が起こりました。あとから思うと、ムバラク政権の末期症状が出ていて、それで街も荒れていてストレスを感じていたのかもしれません。

──それからイスラーム研究をつづけていくことにされた？

そうですね。中田先生はまもなく同志社を辞められて、アフガニスタンへ行かれるようになりました。その頃毎日のように会っていたんですが、自分にとっては中田香織先生の本が原点だったので、その生き方を研究者としてつづけていくのがふさわしいのかなと思うようになりました。翌年、ムルシ政権の倒れる数ヵ月前にもエジプトに行き、そのあとトルコに一年留学しました。

エジプトやシリアやトルコではイスラーム主義の人たちとも接しましたが、人間としてもムスリムとしても誠実な人たちが多い。あくまで印象なんですが、穏健派の人たちは政権側を見ているんです。それは自分たちが傷つきたくないからだと思います。でも彼らは、正しいイスラームを求めるがゆえに迫害されている人たちのほうは向いていない。イスラームを求める人たちは日本ではまとめて過激派と呼ばれるけれど、彼らがつらい思いをしながらも達成しようとしているものはなにかと考えるとき、それがカリフ制なのかなとは感じました。

トルコから帰国して大学院へ行くことを決め、中田先生がそれなら東長靖先生のいる京都大学で勉強がつづけられるといわれて京大の院に入りました。ナーブルスィーのスーフィズムの思想の研究のほかに、フィールドワークとしてトルコのイスラーム復興運動をテーマにしています。シリアが混乱してからアレッポやダマスカスから多くのイスラーム学者が難民としてイスタンブールに流れてきています。それで今、かつてオスマン帝国でやっていたようにトルコ人とアラブ人のイスラーム学者が協力する形で知の復興を図っているんですが、それを追うのも私のテーマです。

山根郷史

一九七五年福岡県生まれ。山口大学教育学部卒業　京都大学文学部心理学研究室研究生。現在は福岡県職員。

——山根さんは山口大の最初の学生だったんですね。

九〇年代半ば、大学二年生のときに初めてハサン先生の授業に出ました。イスラーム地域研究の授業だったのですが講義がぜんぜん面白くない。はっきりいって下手でした。学生の名前も覚えない。何度「山根です」といっても「山野君」と呼ばれる。その一方で突然『カリフ制こそ解答』というイスラーム解放党員が書いた英文テキストを渡されて、これを読みますという。いきなりカリフ制とか意味がわからない(笑)。いったいこの人は何者だろうと思いました。

きっとなにかあるんじゃないかと思って、あるとき研究室を訪ねました。哲学的な話を切り出したんですが、すぐにその知識量に驚かされました。しかも授業があれほどつまらないのに、雑談しているときの話はめっぽう面白い。そのとき先生が「人間は本質的に自由ではなく、かならずなにかの奴隷だ」という話をしました。これは衝撃でした。

自由だと思っていても、人間はなんらかの偶像の支配下に置かれている。真の自由とは偶像からいかに解放されるかだ。イスラームとはアッラーだけに隷属すればよく、ほかのいっさいから解放されるといった話をされました。これまでそういう考え方をしたことがなかったので、自分の価値観が揺さぶられました。

――それでイスラームに興味を持ったんですか。

ええ、ただ私は宗教は嫌いだったんです。あるとき「イスラームがあるから世界に問題が起きるのではないですか」と聞いたんです。するとハサン先生は「そういう質問をよく受けるんだけど、第一次大戦や第二次大戦は宗教は関係ないよね。でも犠牲者はいちばん多いよね」という。こちらは答えられません。世俗主義やナショナリズムを宗教と考えれば、それもまた宗教だといえるが、そうなるとハサン先生のロジックにはまってしまう。そうやって、いろんな議論をふっかけては瞬殺されてきました。

私はハサン先生だけではなく、大学のほかの先生たちにも議論をふっかけるような学生だったのですが、ほかの先生は「若いからね」といってお茶を濁す。でもハサン先生はまともに対応して、ごまかさない。そういうところに人柄が出ます。論文もまっすぐです。その人柄や実直さが、のちにイスラームに入信する大きな理由になりました。

けれども、ハサン先生は研究の厳密さとふだんの生活とのギャップがすごい。ビデオデッキの操作がわからない。パソコンの設定がめちゃくちゃ。研究室は散らかり放題。見かねて掃除しようとすると、どうせ散らかるからいいですという。散らかるんじゃなくて自分で散らかしている(笑)。

――ははは（笑）。それで入信されたんですか。

二年くらい悩みました。ハサン先生にいわれた「人間はなにかの奴隷だ」という言葉について考えぬきましたが結論が出ない。神の存在証明ができたとしても、信じるのはやっぱり神を信じている人だけで、信じない人はたとえ最後の審判が来ても信じようとしない。実践しないとわからないことがあるし、信じないとわからないこともある。

最終的には現地のムスリムを実際に見て決めようと思い、エジプトに行くことにしました。大学四年のときで、ちょうどハサン先生がエジプトに一年滞在されていたときでした。

――エジプト、どうでしたか。

カルチャーショックでした。みな平気で車道を横断するし、車も赤信号は無視する。でも、エジプト人はとても幸せそうでしたね。目が輝いているし、とてもやさしい。それで入信の決心がつきました。

なったからといって、急になにかが変わったわけではないのですが、昔習ったことの意味が不意にわかってきたり、過去のいろんなことがつながってきたりする感じがありましたね。そのあと付き合っていた彼女もイスラームに入信し、そのまま結婚しました。彼女は山口県立大学の学生だったのですが、同じくハサン先生の教え子でした。

――今はなにをされているんですか。

研究者になりたかったんですが、いろいろあって県庁で働いています。仕事で法律を読み込むことが多いのですが、法人概念というのをハサン先生をとおして理解したところが大きいです。イスラームでは法人概念を否定しますが、たしかに実務的にいろいろ問題はあります。手続きが煩わしい、素人が理解しにくい、なによりコストがかかるなど。

ただ、今は会社が出世の面倒をみて、医療機関が病気の面倒をみて、役所が誕生や葬儀の面倒をみてというふうに人生がさまざまな法人によって分節化されています。それをいきなりこわしたら焼け野原しか残らない。カリフ制にしても、アッバース朝の頃のような商人のネットワークがあって、成熟した市民がいて、人の自由な行き来ができて、共同体同士で助け合うような社会がないとむずかしいと思う。理念的には正しいけれど、現実にどう実現させるか。実務家としてはそこが一番の問題だと思います。

参考文献

●「終末への序曲―イスラーム原理主義からみた「湾岸戦争」」、『月刊アーガマ』NO.120、一九九一年
●「リアル・イスラーム―「近代」を壊す原理主義」(同)
●中田考「あるイスラーム主義者の思い出」、『アジア読本 アラブ』河出書房新社、一九九八年
●中田考『イスラームのロジック』講談社選書メチエ、二〇〇一年
●中田考『ビンラディンの論理』小学館文庫、二〇〇一年
●「幻想の自由と偶像破壊の神話―イスラーム法学からのアプローチ」、森孝一編著『EUとイスラームの宗教伝統は共存できるか―「ムハンマドの風刺画」事件の本質』所収、明石書店、二〇〇六年
●ハビーバ中田香織・ハサン中田考編著『やさしい神さまのお話』ムスリム新聞社、二〇〇八年
●中田考「イスラームの今日的使命―カリフ制再興による大地の解放」、『山口大学哲学

研究』第十七巻、二〇一〇年三月、六五‐九四頁
●中田考「スンナ派カリフ論の脱構築―地上における法の支配の実現」、『一神教学際研究』第六号、二〇一〇年、六七‐八九頁
●奥田敦・中田考編著『イスラームの豊かさを考える』丸善プラネット、二〇一一年
●内田樹・中田考『一神教と国家　イスラーム、キリスト教、ユダヤ教』集英社新書、二〇一四年
●「『アラブの春』の背景とムスリム世界の今後の展望」（中田考分担執筆）、内藤正典編著『イスラーム世界の挫折と再生―「アラブの春」後を読み解く』所収、明石書店、二〇一四年
●中田考『カリフ制再興―未完のプロジェクト、その歴史・理念・未来』書肆心水、二〇一五年
●中田考『イスラーム　生と死と聖戦』集英社新書、二〇一五年
●『岩波イスラーム辞典』岩波書店、二〇〇二年

著者略歴

中田 考　なかた・こう

一九六〇年生まれ。同志社大学客員教授。一神教学際研究センター客員フェロー。八三年イスラーム入信。ムスリム名ハサン。灘中学校、灘高等学校卒。早稲田大学政治経済学部中退。東京大学文学部卒業。東京大学大学院人文科学研究科修士課程修了。カイロ大学大学院哲学科博士課程修了（哲学博士）。クルアーン釈義免状取得、ハナフィー派法学修学免状取得、在サウジアラビア日本国大使館専門調査員、山口大学教育学部助教授、同志社大学神学部教授、日本ムスリム協会理事などを歴任。著書に『イスラームのロジック』（講談社）、『イスラーム法の存立構造』（ナカニシヤ出版）、『イスラーム　生と死と聖戦』（集英社）、『カリフ制再興』（書肆心水）。監修書に『日亜対訳クルアーン』（作品社）。

構成

田中真知　たなか・まち

一九六〇年東京都生まれ。作家・翻訳家。慶應義塾大学経済学部卒業。一九九〇年より一九九七年までエジプトに在住。アフリカ・中東各地を取材・旅行して回る。著書に『アフリカ旅物語』（北東部編・中南部編、凱風社）、『ある夜、ピラミッドで』（旅行人）、『孤独な鳥はやさしくうたう』（旅行人）、『美しいをさがす旅にでよう』（白水社）、訳書にグラハム・ハンコック『神の刻印』（凱風社）、ジョナサン・コット『転生―古代エジプトから甦った女考古学者』（新潮社）など。

協力／弁護士法人青山外苑法律事務所　弁護士　秋田一惠

私はなぜイスラーム教徒になったのか

二〇一五年五月二五日　初版発行

著者　中田考
編集・発行人　穂原俊二
発行所　株式会社太田出版
〒一六〇-八五七一　東京都新宿区愛住町二二　第三山田ビル四階
電話〇三-三三五九-六二六二　FAX〇三-三三五九-〇〇四〇
振替〇〇一二〇-六-一六二一六六
ホームページ http://www.ohtabooks.com/
印刷・製本　中央精版印刷株式会社
ISBN978-4-7783-1446-0　C0095